Veritas

Daniel Schehack

Veritas

Oder vom Gesetz des ewigen Seins

Bibliografische Information der Deutschen Nationalbibliothek
Die Deutsche Nationalbibliothek verzeichnet diese
Publikation in der Deutschen Nationalbibliografie; detaillierte
bibliografische Daten sind im Internet über http://dnb.dnb.de
abrufbar.

© 2015 Daniel Schehack
Satz, Umschlaggestaltung, Herstellung und Verlag:
BoD – Books on Demand
ISBN 978-3-7386-8989-1

Vorwort

Hallo, lieber Leser,

Sie halten hier ein Buch in den Händen – oder haben es vor sich auf dem Tisch liegen –, das alles das beinhaltet, woran ich glaube und was ich nach bestem Gewissen in meinem Leben umzusetzen versuche. Es sind gesammelte »Werke«, wie man umgangssprachlich so schön sagt. Aber eigentlich sind es »nur« kleine Textpassagen, Zitate, Fragmente der Weltliteratur, Verse und Weisheiten aus aller Welt und aus rund 2000 Jahren Geschichte, die ich im Laufe meines Lebens gesammelt habe. Aufgeschrieben auf Karteikärtchen und verstaut in einem kleinen schwarzen Kasten, oft bearbeitet, ergänzt – und ja, es wird Menschen geben, und nicht wenige, die meinen, ich hätte bekannte Zitate entfremdet, zumal Sie über keinem Textstück eine Quellenangabe und auch darunter keinen Namen finden werden. Ich würde aber eher sagen, personalisiert trifft das am besten, was ich getan habe. Das, was ich erkannt zu haben glaube, versuche ich hierdurch in Worte zu fassen. Denn auf die Wahrheit hat niemand ein Patent. Und ich bin sicher, da der Mensch über die Jahrtausende immer der gleiche geblieben ist, ist alles, was jemals gesagt worden ist, schon früher einmal gesagt worden und wird auch nach uns oft wiederholt werden. Denn die Wahrheit ist ewig und lässt keine zwei Wege zu.

Und sie lässt sich in nur drei Sätzen allumfassend darstellen! Wenn dieses Büchlein also nicht für Poesiealben taugt, denn dafür wurde es nicht zusammengetragen, dann hoffentlich als Hilfe für Sie, lieber Leser, um im hektischen Alltag wieder zu sich selbst zu finden – und damit auch wieder zum Nächsten und zu Gottes schöner Schöpfung.

Daniel Schehack

Veritas

Himmel und Erde sind immer und ewig. Warum sind sie immer und ewig?
Weil sie nicht sich selber leben,
darum leben sie selbst immer und ewig.
So der Weise: Er tritt zurück;
daher ist er voraus,
er verliert sich selbst
und bewahrt sich dabei selbst.
Weil er selbstlos ist,
kann er sich selbst vollenden.

*

Unsere körperliche Existenz ist so flüchtig wie Herbstwolken. Geburt und Tod mit anzusehen ist, wie einem Tanz zuzuschauen. Familien entstehen und werden auseinandergerissen. Ein ganzes Leben schießt dahin wie ein Gebirgsbach durch die tiefe Schlucht.

*

Der Weg, der beschrieben werden kann,
ist nicht der ewige Weg.
Der Name, der genannt werden kann,
ist nicht der ewige Name.
Das Namenlose ist der Ursprung des Himmels und
der Erde.
Das Namhafte ist die Mutter aller Dinge.
Darum: Wer ohne Begehren ist, sieht das Innere;
wer voll Begehren ist, sieht nur das Äußere.
Der Ursprung ist der gleiche,
die Namen sind verschieden.

*

Er sprach: »Wenn ihr die zwei zu eins macht,
werdet ihr Söhne des Menschen werden. Und
wenn ihr dann sagt: ‚Berg, bewege dich fort', wird
er sich fortbewegen!«

*

Wenn du singen könntest, Schmetterling, hätten
sie dich längst in einen Käfig getan.

*

Zu wissen, was gut ist, ist nicht gut genug, man muss es auch lieben. Die Güte zu lieben ist nicht genug, man muss sie auch mit Begeisterung praktizieren.

*

Lenken wir uns nicht mehr durch zu viel Lärm um Nichts, durch zu viel Information, durch zu viel Theater und Spiel vom wahren Leben ab. Lernen wir, die Stille zu ertragen. Denn in der Stille finden wir zu uns, finden wir zu Gott und so auch zu Jesus.

*

Die Schwierigkeit einer Sache beruht nicht auf ihrer Größe, sondern darauf, die rechte Zeit zu erkennen.

*

Die verborgene Handlung, geheim und vertraut benutzt, erscheint dumm und beschränkt.

*

Der Wert des Hauses liegt im Ort.
Der Wert des Herzens liegt in der Tiefe.
Der Wert des Miteinanders
liegt in der Güte.
Der Wert der Rede liegt in der Wahrheit.
Der Wert der Führung liegt in der Ordnung.
Der Wert der Arbeit liegt im Können.
Der Wert des Handelns liegt im Zeitpunkt.

*

Begabte nicht zu bevorzugen hilft Streit zu vermeiden. Schätze nicht zu sammeln hilft Diebstahl zu verhindern. Begehrenswertes nicht zu beachten hilft Verwirrung vorzubeugen.

*

So der Weise:
Er leert das Herz und füllt den Bauch.
Er mindert das Begehren und mehrt die Kraft.
Er lehrt das Volk Einfachheit und Genügsamkeit.
Er lehrt die Wissenden, nicht einzugreifen.
Er wirkt ohne Handeln
und nichts bleibt ungetan.

*

Er sprach: »Ich bin das All, das All ist aus mir hervorgegangen, und das All ist bis zu mir ausgedehnt. Spalte ein Stück Holz, und ich bin da. Hebe einen Stein auf, und ich werde dort sein.«

*

Die tiefe Ruhe ist unvergänglich. Sie ist das tiefe Weibliche, die tiefe weibliche Pforte, die Wurzel des Himmels und der Erde. Wer sie sich bewahrt, wirkt ohne Mühe.

*

Er sprach: »Wer das All erkennt, sich selbst aber verfehlt, verfehlt das Ganze.«

*

Der Himmel zerfällt und wird zu Staub, die weite Erde wird friedlich, und niemand kann sie schauen.
Der trockene Baum lässt plötzlich seine einzige Blüte erblühen und ruft einen neuen Frühling herbei – jenseits der Zeiten.

*

Ich liebe die Blume nicht, weil sie für mich blüht,
sondern weil sie blüht, ganz ohne Bezug auf mich,
und freue mich über ihr Dasein – nicht als mein
Eigentum.

*

Wenn du die Seele förderst und das Eine umfängst,
kannst du ungeteilt sein.
Wenn du dich hingibst und biegsam wirst, kannst
du wie ein Kind sein.
Wenn du die Einsicht reinigst und läuterst, kannst
du makellos sein.
Wenn du das Volk liebst beim Lenken des Reiches,
kannst du tatenlos sein.
Wenn du klar und durchdringend bist, kannst du
unwissend sein.
Erzeugen und ernähren, innehaben, doch nicht
zu besitzen, wirken, doch nicht zu beanspruchen,
Leiten, doch nicht zu beherrschen: Das ist
ursprüngliche Tugend.

*

Der Weise betrachtet Himmel und Erde und
alles, was sich dazwischen befindet, als eine
große Einheit. Er betrachtet alle Menschen unter
dem Himmel, seien sie nah oder fern, als seine
Brüder, denn er weiß, dass alles derselben Quelle
entspringt.

*

Eher vergesse ich mein ganzes Leben als die junge
Gattin, mit der ich auf der Insel geschlafen habe,
wo die Wildenten wohnen und die Vögel der
grauen See.

*

Worte, die der Wahrheit Ausdruck verleihen,
erscheinen paradox.

*

Dreißig Speichen treffen die Nabe.
Die Leere in der Mitte macht das Rad.
Ton formt man zu einem Krug.
Die Leere in der Mitte macht das Gefäß.
Türen und Fenster bricht man in Mauern.
Die Leere in der Mitte macht das Haus.
Darum: Die Form entsteht aus dem Sein.
Die Verwendung aus dem Nicht-Sein.

*

»Man wird nicht sagen: Seht hier, seht dort;
sondern das Königreich des Himmels ist
ausgebreitet auf der Erde, doch die Menschen sehen
es nicht.«

*

Zu viele Farben gefährden das Sehen.
Zu viele Töne töten das Hören.
Zu viel Kost kostet den Geschmack.
Zu viel Zerstreuung erzeugt Verwirrung.
Zu viel Besitz besitzt den Besitzenden.
Achtet auf das Innere, nicht auf das Äußere.
So gebt ihr jenes auf und erhaltet dieses.

*

Der edle Mensch macht mit der Welt keine Kompromisse. Er macht sich keinen Namen. Ohne zu bedauern zieht er sich aus dem weltlichen Treiben zurück. Es kümmert ihn nicht, dass niemand nach ihm verlangt. Er tut, was nötig ist, und vermeidet, was er bereuen müsste. Fest wie ein Fels steht er, und niemand vermag ihn zu stürzen.

*

Laue Sommernacht

Was ihr selbst gründlich geprüft und als euch selbst und anderen zum Wohle dienend erkannt habt, das nehmt an.

*

Glück und Unglück verursachen Furcht.
Leben und Tod liegen in unserem Selbst.
Was heißt: Glück und Unglück verursachen Furcht?
Glück zu erlangen, Glück zu verlieren ist zum Fürchten.
Was heißt: Leben und Tod liegen in unserem Selbst?
Die Wurzel unserer Angst liegt im Selbst. Wenn wir selbstlos sind, wovor sollten wir Angst haben?
Wer die Welt als sein Selbst achtet, dem kann man die Welt überlassen.
Wer die Welt als sein Selbst liebt, dem kann man die Welt anvertrauen.

*

Deine Seele findet ihren Pfad in ein helleres Licht durch deine ruhige Geisteshaltung. Was schwer fassbar und trügerisch ist, löst sich selbst in kristallklares Nichts auf. Unser Leben ist nichts anderes als eine lange, beschwerliche Suche nach der Wahrheit.

*

Die Dinge sind da, dass man sie benutzt, um das
Leben zu gewinnen, und nicht, dass man das
Leben benutzt, um die Dinge zu gewinnen – oder
mit anderen Worten:
Arbeite, um zu leben, und lebe nicht, um zu
arbeiten!

*

Wer hat die Liebe denn Liebe genannt?
Ihr wahrer Name ist Tod.
Denn wen die Liebe überkommt,
den überkommt auch der Tod.

*

Er sprach zu ihnen: »Wenn ihr die zwei zu eins
macht und wenn ihr das Innere wie das Äußere
macht und das Äußere wie das Innere und
das Obere wie das Untere. Und wenn ihr das
männliche und das weibliche zu einem macht,
sodass das Männliche nicht männlich und das
Weibliche nicht weiblich ist, dann werdet ihr in das
Himmelreich eingehen.«

*

Der edle Mensch ist langsam mit Worten und
schnell mit Taten.

*

Erreiche die große Leere,
bewahre die tiefe Stille.
Alle Dinge entstehen und vergehen,
betrachte ihre Wiederkehr.
Alles kehrt zum Ursprung zurück.
Die Rückkehr zum Ursprung ist Stille;
dies ist der Weg der Natur.
Der Weg der Natur ist ewig.
Das Ewige zu kennen bringt Einsicht.
Das Ewige nicht zu kennen bringt Unheil.
Das Ewige zu kennen macht geduldig,
geduldig zu sein macht redlich,
redlich zu sein macht edel,
edel zu sein macht natürlich,
natürlich zu sein ist der rechte Weg.
Wer den rechten Weg geht, ist ohne Zeit;
selbst wenn er vergeht, dauert er fort.

*

Fünf Vorsätze für jeden Tag:
Ich will die Wahrheit sagen.
Ich will keine Ungerechtigkeit dulden.
Ich will keine Angst haben.
Ich will keine Gewalt anwenden.
Ich will in jedem vorerst das Gute sehen.

*

Das Leben ist ein wertvolles Geschenk. Nutze die Zeit und verschwende sie nicht; keine Sekunde ist wiederholbar. Achte auf deine Gedanken und Worte. Lerne, so viel du kannst, und verbringe auch viel Zeit allein. Liebe mit dem Herzen und vergib denen, die dich kränkten.

*

Erkenne das Einfache.
Pflege das Schlichte.
Lege die Selbstsucht ab.
Mäßige das Verlangen.

*

Ein guter Mensch soll ehrlich sein, ohne Arroganz, ohne Betrug, nicht verleumderisch und nicht hasserfüllt. Er soll jenseits stehen vom Bösen des Neides und des Geizes.

*

Was nachgibt, wird vollkommen,
was biegsam ist, wird gerade,
was leer ist, wird voll,
was vergeht, wird neu,
was zu wenig ist, wird bereichernd,
was zu viel ist, wird verwirrend.
Darum wird der Weise zum Vorbild der Welt:
Er beachtet sich nicht und ist darum geachtet.
Er schätzt sich nicht und ist darum geschätzt. Er rühmt sich nicht und ist darum berühmt.
Er bewundert sich nicht und wird darum bewundert.
Weil er nicht streitet, kann niemand mit ihm streiten.

*

Zu kurz dünkt euch das Leben?
Mir ist es, als währte der Traum so lange schon – so lange …

*

Der Odem Gottes – wenn man so will – ist in allem. Er durchwebt die Natur. Durch Meditation kann man mit viel Übung für kurze Zeit diesen Funken spüren. Dieser Augenblick verändert radikal die Sichtweise. Bewahre ihn im Herzen! Er ist ein kostbares Geschenk.

*

Wer auf den Zehen steht, steht nicht gut.
Wer seine Beine spreizt, geht nicht gut.
Wer sich zur Schau stellt, ist nicht erleuchtet.
Wer selbstgerecht ist, wird nicht geachtet.
Wer sich selbst rühmt, hat keine Ehre.
Wer sich selbst bewundert, hat keine Größe.
In Hinblick auf den rechten Weg ist dies nutzlose Übertreibung; jeder verabscheut es.

*

Arbeitet, als würdet ihr kein Geld brauchen,
liebt, als hätte euch noch nie jemand verletzt,
tanzt, als würde keiner hinschauen,
singt, als würde keiner zuhören,
lebt, als wäre hier das Paradies auf Erden.

*

Nachdem sie ihren Zenit erreicht hat, beginnt die Sonne sich zu senken. Auch ein voller Mond erleidet die Verdunkelung. Alle Dinge zwischen Himmel und Erde erfahren Ebbe und Flut, füllen und leeren sich zu ihrer Zeit. Wie viel mehr muss dies auf den Menschen zutreffen …

*

Eiskalte, klare Winternacht

Wenn das Leiden der Vielen durch das Leiden eines Einzelnen beendet werden kann, soll er es willentlich auf sich nehmen!

*

Warum sind wir oft enttäuscht, ängstlich und unzufrieden? Weil wir sehr hohe Erwartungen haben. Gesundheit, Freiheiten, Freunde, Schönheit, materieller Wohlstand, wir können nie genug davon bekommen, schrauben die Ansprüche immer höher und merken nicht, dass wir dadurch immer schwerer glücklich zu machen sind.
Nimm dir für die Dinge, die dir wichtig erscheinen, Zeit. Verschiebe nicht alles auf morgen oder einen späteren Zeitpunkt. Niemand garantiert dir, dass du dann noch dazu in der Lage sein wirst.
Wenn du von etwas träumst, dann warte nicht, diesen Traum zu realisieren, sondern verwende deine Aufmerksamkeit darauf, dorthin zu gelangen, den Traum jetzt wahr zu machen.

*

Wenn du dir über die Kraft eines freigiebigen Herzens im Klaren bist, wirst du keine einzige Mahlzeit vorbeigehen lassen, ohne an andere auszuteilen.

*

Das Schwere begründet das Leichte.
Die Stille beruhigt das Laute.
Darum reist der Weise leicht
und nimmt das Schwere mit sich.
Glanz lässt ihn gelassen.

*

Genügsamkeit ist das Zauberwort. Ohne sie ist keiner je zu befriedigen, aber mit ihr können uns Neid, Missgunst, Unzufriedenheit und Habgier nichts mehr anhaben. Es ist ein Gefühl großer Freiheit, wenn man Genügsamkeit empfindet.

*

Obwohl ich weiß, dass ich dir nie mehr begegnen werde auf diesem Weg, gehe ich ihn immer wieder und hoffe, es möge dennoch geschehen.

*

Wenn Befürchtungen sich bewahrheiten oder mein Ehrgeiz unerfüllt bleibt, entsteht Unzufriedenheit – eine gefundene Beute für den Hass. Dadurch erstarkt, kann er mich zugrunde richten.

*

Kein Sex vor der Ehe hatte Sinn in einer Zeit ohne Verhütungsmittel und Vaterschaftstests. In erster Linie ging es um die soziale Absicherung von Mutter und Kind! Noch vor 50 Jahren musste man im Falle einer Schwangerschaft fast zwangsweise heiraten, da in einigen Regionen die Frau schutzlos gewesen wäre. Wenn die Zeit reif ist, man zusammenbleiben will und sich quälen würde, weil man sich liebt und sich ganz schenken möchte (was kann man Größeres tun), dann ist Sex vor der Ehe o. k. ... Wer kauft schon die Katze im Sack? Verlobung dient dazu zu üben, ob man ein Leben lang zusammenbleiben kann; dazu muss man auch sexuell kompatibel sein. Guter Sex ist wie Tanzsport – gut wird es erst, wenn man lange mit dem richtigen Partner trainiert. Ich habe Kinder. Genauso habe ich es meiner Tochter und meinem Sohn erklärt. Der Körper ist der Tempel des Heiligen Geistes. Und Sex zur richtigen Zeit – in der Beziehung – ist nichts Schmutziges! Er dient zur Festigung der Beziehung und zur Zeugung. Diese Ausführung ist kein Freibrief, um mit allen »Freunden« ins Bett zu springen.
Es geht um Gewissen, es geht um Verantwortung gegenüber sich und seinem Partner.
Um es deutlich zu sagen: Gezwungene Enthaltung führt zu Verbitterung, Komplexen und Körperverachtung – das will Gott sicher nicht! Unkeuschheit ist unangemessenes Entblößen, »schmutziges Reden«, Pornografie, Inanspruchnahme von Prostitution, Ehebruch/

Unzucht, Scheidung – Verlassen der eigenen Frau
wegen einer anderen – und Beziehungs-Hopping.
Lüge, Hass, Stolz, Habgier, Trunksucht,
Götzendienst – das verdirbt den Charakter,
entwürdigt den Menschen, zerstört die Beziehung
zum Partner und Gott und öffnet dem Teufel Tür
und Tor!
Kümmere dich zuerst um die Todsünden!!!

*

So der Weise:
Er nimmt sich aller Menschen an und schließt
niemanden aus.
Er nimmt sich aller Dinge an und verwirft nichts.
Er erhellt alles.
So ist der Weise dem Schwachen ein Lehrer,
der Schwache dem Weisen eine Hilfe.
Wer den Lehrer nicht schätzt und die Hilfe nicht
annimmt, geht in die Irre; so klug er auch sein
mag.
Darin liegt das Geheimnis.

*

Waffen sind Werkzeuge des Unglücks,
bei allen Geschöpfen verhasst.
Wer den rechten Weg geht, der lässt sie liegen.
Der Weise liebt das Schöpferische,
der Krieger liebt das Zerstörerische.
Waffen sind Werkzeuge des Unglücks
und nicht Werkzeuge des Weisen.
Er verwendet sie nur, wenn er keine Wahl hat.
Ruhe und Friede sind ihm das Höchste.
Und ein Sieg ist kein Grund zur Freude.
Freude am Siegen ist Freude am Töten.
Wer jedoch Freude am Töten hat,
wird in der Welt keine Erfüllung finden.
Wenn viele Menschen getötet werden,
müssen sie voll Kummer betrauert werden.
Darum ist jeder Sieg eine Trauerfeier.

*

In allen Richtungen des Universums
gibt es nur den einen Weg.
Wenn wir unsere Augen offen halten,
sehen wir keine Unterschiede in den Lehren.
Wenn es etwas zu verlieren gibt,
so hat es von Anfang an existiert.
Wenn wir etwas verlieren,
ist es ganz in unserer Nähe verborgen.

*

Folge dem einen Weg und die ganze Welt
folgt ohne Leid und in Frieden in ruhigem
Gleichgewicht.
Bietet sich Musik und Speise, bleibt der Wanderer
gerne stehen.
Der rechte Weg jedoch ist ohne Wohlklang und
Würze.
Bei allem Schauen ist er nicht zu sehen.
Bei allem Lauschen ist er nicht zu hören.
Sein Nutzen ist ohne Ende, er erschöpft sich nie.

*

Auch die kleinsten Übungen in Selbstdisziplin sind
unerlässlich!
Wem es am Anfang fehlt, kann das Ende nicht
erreichen. Am Ende steht ein Verhalten, das aus
Zen fließt. Wer im Kleinsten undiszipliniert ist,
versagt oft an entscheidender Stelle.
Was ist bedeutend, was nicht?

*

Wenn die Weisheit verloren geht,
herrscht Wohlwollen.
Wenn das Wohlwollen verloren geht,
herrscht Menschlichkeit.
Wenn die Menschlichkeit verloren geht,
herrscht Gerechtigkeit.
Wenn die Gerechtigkeit verloren geht,
herrscht Gesetzestreue.
Doch die Gesetzestreue ist nur dürftige Redlichkeit
und der Beginn der Verwirrung.
Wissen ist nur glänzender Schein und der Beginn
der Unwissenheit.

*

Die Taten des weisen Mannes unterscheiden sich von denen der Masse, aber er brüstet sich nicht mit seiner Einzigartigkeit oder Besonderheit. Er ist zufrieden, sich im Hintergrund zu halten, aber er verachtet auch jene nicht, die vorpreschen und sich aufspielen. Kein Titel und keine Ämter bringen ihn dazu, sich zu bemühen. Keine Strafe und Schändung bringen ihn dazu, sich zu schämen. Er weiß, dass keine Abgrenzung zwischen Falsch und Richtig möglich ist.

*

Der Mond wird blasser.
War das nicht ein Kuckucksruf?
Ich muss fort, Geliebte …

*

So wie innen, so auch außen.

*

Die, die mir unangenehm sind,
werden nicht mehr sein.
Ich selbst werde nicht mehr sein.
Die, die mir lieb sind,
werden nicht mehr sein.
Nichts von Meinem wird mehr sein.
Nur vorübergehend bin ich auf dieser Welt,
das erkannte ich nicht!
Verblendung, Gier und Hass haben mich verleitet,
viele Fehler zu begehen.

*

Auch dem edlen Menschen ist die Tugend nicht
angeboren.
Wie alle Menschen muss er sie erst lernen.

*

Ein Mann mag tausend mal tausend Männer in einer Schlacht besiegen, doch der größte Kämpfer ist, wer sich selbst besiegt.

*

Der, der alle Regeln auswendig kann, sie jedoch nicht anwendet, ist wie einer, der eine Kerze anzündet und dann die Augen schließt.

*

Das, was du heute denkst, wirst du morgen sein.

*

Den Weg darf man nicht für einen Moment verlassen.
Dürfte man es, wäre er nicht der Weg.

*

Vollmond:
Ein Duft von Licht schwebt über dem Wasser.

*

Sei rein und klar, und alles relativiert sich.
Bewusst oder unbewusst trägt jeder von uns
etwas zur Allgemeinheit bei. Wenn wir es uns
zur Gewohnheit machen, diesen Beitrag ganz
bewusst zu leisten, wird der Wunsch, einen
immer größeren Beitrag zu leisten, stärker
werden. Dadurch wird nicht nur unser eigenes
Wohlbefinden größer, sondern das der gesamten
Welt.

*

Gönne dir einen Augenblick der Ruhe, und du
begreifst, wie närrisch du herumgehastet bist.
Lerne zu schweigen, und du merkst, dass du viel zu
viel geredet hast.
Sei gütig und du begreifst, dass dein Urteil über
andere allzu hart war.

*

Auf dieser Welt musst du nicht nach Erfolg streben
– keine Fehler begangen zu haben ist schon ein
Erfolg.

*

Fleiß ist zwar eine Tugend, aber wenn man es sich
selbst zu bitter macht, dann verliert man auch das
ausgeglichene und fröhliche Wesen.

*

Heißer Sonnenschein

In der Welt leben, aber nicht am Staub der Welt
festhalten oder Bindungen schaffen – das ist der
Weg des Zen.

*

Einst war alles im Einklang mit dem Einen:
Der Einklang des Himmels schafft Klarheit,
der Einklang der Erde schafft Beständigkeit,
der Einklang der Geister schafft Erleuchtung,
der Einklang der Quellen schafft Fülle,
der Einklang der Wesen schafft Leben,
der Einklang der Herrscher schafft Frieden.
Ohne Klarheit würde der Himmel zerbrechen,
ohne Beständigkeit würde die Erde zerfallen,
ohne Erleuchtung würden die Geister vergehen,
ohne Fülle würden die Quellen versiegen,
ohne Leben würden die Wesen sterben,
ohne Frieden würden die Herrscher stürzen.
Darum ist das Niedrige die Wurzel des Hohen, das
Demütige die Grundlage des Erhabenen. Darum
betrachten sich die Herrscher als gemein,
weil sie im gemeinen Volk wurzeln.
Wer Teile des Ganzen entfernt, zerstört das Ganze.

*

Glänze nicht wie Jade, sei einfach, wie ein Stein.

*

Du bist der einzige Mensch, mit dem du bis zur letzten
Sekunde zusammen bist, also musst du zusehen, dass
du dir selbst irgendwann verzeihst und dass es dir
gut geht – sonst kannst du nicht funktionieren und
anderen helfen. Das nenne ich gesunden Egoismus.

*

Wenn der Kluge vom rechten Weg hört,
bemüht er sich, ihm zu folgen.
Wenn der Mittelmäßige von ihm hört, folgt und
verliert er ihn.
Wenn der Törichte von ihm hört, lacht er schallend.
Wenn er nicht darüber lachte, wäre es nicht der
rechte Weg.
Darum heißt es:
Der rechte Weg verschwindet im Dunkel;
ein Schritt voran ist wie ein Schritt zurück;
der ebene Weg scheint wie ein Auf und Ab.
Die höchste Tugend erscheint wie niedrig,
der größte Wert erscheint wie unwert,
der wahre Reichtum wie unzureichend,
innere Stärke erscheint wie Schwäche,
die reine Wahrheit erscheint wie Täuschung.
Der vollkommene Raum hat kein Ende,
das vollkommene Gefäß keine Form,
der vollkommene Klang keinen Ton,
die vollkommene Form kein Bild.
Der rechte Weg ist verborgen und namenlos;
er erhält und vollendet alles.

*

Jede ehrliche Arbeit, und sei sie noch so einfach, ist
eine gute Arbeit – solange man sie gründlich und
gewissenhaft ausführt. Und niemand kann sich
ihrer zu schade sein.

*

Unmerklich reiht sich Tag an Tag.
So bist du entstanden – Vergangenheit.

*

Das Nachgiebige überwindet das Starre.
Das Formlose durchdringt die Form.
Deshalb weiß ich:
Wirken entsteht durch Nicht-Tun.
Lehren ohne Worte, Wirken ohne Tun;
wenigen gelingt dies.

*

Das Kleine dringt ein ins Unendliche.
Das Große begrenzt den Kosmos.

*

Liebe bringt dich ab vom Weg,
nicht zu lieben aber auch.

*

Als ich mich von ihr löste, hing der Mond in kalter Unbekümmertheit am Morgenhimmel. Seitdem ist mir sein Licht verhasst.

*

Am Anfang beseitigt er das Übel.
In der Mitte das Ich.
Am Ende beseitigt er jede dualistische Vorstellung.
So geht der Weise vor.

*

Pflicht

Ich konnte bislang den Kirschbaum nicht erkennen
im Wipfeldickicht des Waldes.
Aber nun verraten ihn seine Blüten.

*

Der immaterielle Geist kann niemals zerstört
werden; wenn ihn körperlicher Schmerz berührt,
so nur deshalb, da er zu sehr am Körper haftet.

*

Ruhm oder Leben, was zählt mehr?
Besitz oder Leben, was wiegt mehr?
Besitz gewinnen, sich selbst verlieren,
was ist schlimmer?
Wer viel begehrt, verausgabt sich.
Wer viel besitzt, verliert sich.
Wer Fülle meidet, erreicht Erfüllung.
Wer innehält, erhält inneren Halt
und bleibt sich selbst erhalten.

*

Erst nach Prüfung seiner Kräfte sollte man handeln
– oder davon ablassen. Denn besser man hält sich
zurück, als aufzugeben, was man angefangen hat.

*

Alle Angelegenheiten des Universums fallen
in den Bereich meiner Verantwortung. Meine
Verantwortung schließt alle Angelegenheiten des
Universums mit ein.

*

»Mein Gott«, flüsterte ich, »mein Gott …«, als ich
den Blütentraum erblickte am Berg von Yoshino.

*

Sich weigern, einen Menschen zu belehren,
der zuhören möchte,
heißt, diesen Menschen zu verlieren.
Einen Menschen zu belehren,
der sich weigert zuzuhören,
heißt, Worte zu verschwenden.
Der Weise verliert keinen Menschen
und verschwendet keine Worte.

*

Die größte Vollkommenheit:
Erscheint sie unvollkommen,
so ist sie brauchbar.
Die größte Fülle:
Erscheint sie leer,
so ist sie unerschöpflich.
Das höchst Gerade ist wie krumm,
das höchst Gescheite ist wie dumm,
das höchst Beredte ist wie stumm.
Bewegung überwindet Erstarrung, Besonnenheit
überwindet Erregung.
Stille und Klarheit bewirken Ordnung
in der Welt.

*

Frei von Angst, weiß er den anderen von Angst
zu befreien. In seinem Mitgefühl bezieht er alle
Lebewesen mit ein. Freunde und Feinde. Sein
Wohlwollen gilt allen, jenen, die ihn lieben, und
jenen, die ihm Böses wollen. Er ist der Beschützer
aller, die in der Welt leben.

*

In jedem Frühling, wenn der Hauch der
Goldorangenblüten mich umweht, ist mir, als
spürte ich den Duft des Kleides wieder, das die
Geliebte trug in meiner Jugend.

*

Zeit ist ein sehr kurzer Blitz und erhellt für uns
einen winzigen Teil der Ewigkeit.

*

Würdiger Tod

Das Universum ist mein Bewusstsein;
mein Bewusstsein ist das Universum.

*

Selbst in einfachen Verhältnissen lebt er ein
ungeheuer reiches, geistig geladenes Leben.

*

Du bist vor dem Irrsal der Welt ins öde Bergland
geflohen. Doch wenn das Irrsal dir auch ins
Gebirge folgt, wohin willst du dich dann noch
wenden?

*

Ohne aus dem Haus zu gehen,
kannst du die Welt erkennen.
Ohne aus dem Fenster zu sehen,
kannst du den rechten Weg erkennen.
Je weiter deine Reise dich fortführt,
desto geringer deine Erkenntnis.
Darum der Weise:
erkennt, ohne zu reisen,
versteht, ohne zu sehen,
vollendet, ohne zu handeln.

*

Unaufhörlich rauscht der Frühlingsregen nieder
und schlägt ohne Erbamen die Kirschblüten von
den Zweigen.
Wem sich das Herz da nicht zusammenkrampft, der
hat das Leben noch nicht verstanden.

*

Die Wahrheit ist nicht schwer und lässt keine Wahl
zwischen Zweierlei zu.

*

Meinen Geist muss ich überwachen und hüten,
denn welchen Nutzen haben andere Übungen,
solange nicht der Geist im Zaum gehalten wird?

*

Es donnert nicht mehr. Schwüle Luft.
Die Abendsonne bricht durch die Wolken.
In dem glitzernden Gebüsch singen die Grillen.

*

Großes Verstehen ist weit und gelassen;
kleines Verstehen ist verkrampft und geschäftig.
Große Rede ist klar und durchsichtig;
kleine Rede ist laut und aufdringlich.

*

Himmel und Erde sind mit mir zugleich geboren.
Mein Ich und die zehntausend Dinge des
Universums sind eins.

*

Mondnacht:
Jedes Mal, wenn die Brandungswellen
zurückweichen,
erglänzt der feuchte Sand wie Silber.

*

Der edle Mensch offenbart die höchste Tugend,
indem er alle Dinge bereitwillig annimmt.

*

Wer Gelehrsamkeit sucht, lernt täglich dazu.
Wer den rechten Weg sucht, verliert täglich etwas,
weniger und weniger, bis das Nicht-Tun erreicht ist.
Wird nichts mehr getan, bleibt nichts ungetan.
Durch Nicht-Tun wird die Welt gewonnen.
Durch Tun wird die Welt verloren.

*

Das Tor des Himmlischen ist das Nichts,
alle Dinge kommen aus dem Nichts.

*

Die einen – aus Verwirrung –
erregen Anstoß;
die anderen – ebenfalls verwirrt –
geraten darüber in Wut.
Welchen können wir schuldig nennen
und welchen nicht?

*

Wahrheit

Lautlos ist der Herbst erschienen. Hat er nicht eben
meinen Vorhang berührt?

*

Der fortwährende prüfende Blick auf den
Zustand von Körper und Geist – dies ist es, was
Wachsamkeit ausmacht.

*

Der Weise hat keine Sorge um sich;
er hat Sorge um alle Menschen.
Er ist gut zu den Guten,
er ist gut zu den Schlechten,
denn Tugend ist Güte.
Er ist ehrlich zu den Ehrlichen,
er ist ehrlich zu den Unehrlichen,
denn Tugend ist Ehrlichkeit.
Der Weise lebt behutsam und demütig;
alle richten ihre Herzen auf ihn,
er achtet alle wie seine Kinder.

*

Sieh deine Getriebenheit mit Gelassenheit an,
und du erkennst die Nutzlosigkeit der ganzen
Rennerei.
Lass alle Sorgen in innerer Stille los,
und du merkst, wie im Genuss dieser Stille
alles andere unwichtig wird

*

Selige Ahornblätter!
Wenn ihr perfekt seid, sinkt ihr ins Nichts.

*

Kein Laster ist schwerwiegender als Hass,
keine Tugend wertvoller als Geduld.
Daher muss ich mich anstrengen,
Geduld zu entwickeln.

*

Es gibt zwei Arten von Wahrheit,
die relative und die absolute.
Die absolute ist vom Intellekt nicht zu erfassen.
Der Intellekt wird als getrübt bezeichnet.

*

Im Sommerhaus ist es kühl und still.
Ich liege unbeweglich da und verfolge die
ziehenden Wolken.

*

Musikinstrumente, die den gleichen Ton
hervorbringen, schwingen in gegenseitiger
Resonanz. Menschen, die die gleichen Anlagen
haben, spüren einander auf.

*

Mit der Geburt tritt der Tod in das Leben.
Warum ist das so?
Weil die Menschen innerhalb des Lebens
ihr Leben verschwenden.
Jedoch wer das Leben recht zu führen weiß,
der durchwandert die Welt
und trifft weder Nashorn noch Tiger,
der geht durch ein Kriegsheer
und trägt weder Panzer noch Waffe.
Das Horn des Nashorns findet ihn nicht.
Die Pranke des Tigers findet ihn nicht.
Die Waffe des Kriegers findet ihn nicht.
Warum ist das so?
Weil der Weise außerhalb des Todes
sein Leben bewahrt.

*

Begehren, Hass und alle Leidenschaften sind
Feinde ohne Hände und Füße, sie sind nicht tapfer
und nicht klug.
Wie konnte ich nur ihr Sklave werden?
Im Versteck meines Herzens schlagen sie nach
Belieben zu, und das stört mich nicht einmal!
Pfui! Wie abwegig diese Art von Geduld!

*

Errechne nicht schon den Ernteertrag,
wenn du noch beim Pflügen bist,
freue dich nicht schon auf die Ausbeute
des dritten Jahres,
wenn du gerade jungfräulichen Boden bestellst.

*

Halte ein, wenn es Zeit ist innezuhalten.
Handle, wenn es Zeit ist zu handeln.
Ein Mann erzielt ruhmreiche Fortschritte,
wenn er jeweils zur rechten Zeit innehält
und zur rechten Zeit handelt.

*

Fließendes Wasser fault nicht; die Türangel rostet
nicht. Das kommt daher, dass sie ständig in
Bewegung sind.

*

Oh, schimmernder Mond!
Ich ging auf dich zu und ging und ging
und kam dir doch nicht näher.

*

Sieh die Welt in einem Blütenrund.
Halte Unendlichkeit in deiner Hand.
Und spüre Ewigkeit in einer Stunde.

*

Es gibt keine Hintertür für Glück und Unglück im Menschen.
Sie kommen, wie die Menschen sie rufen.
Auf Gut und Böse folgt Vergeltung,
wie der Schatten dem Kopf folgt.
Das ist das Gesetz des Karmas.

*

Der edle Mensch mag gelegentlich das Prinzip der Menschenliebe verletzen.
Der Gemeine hat noch nie an das Gesetz der Menschenliebe geglaubt.

*

Was denkt meine Seele nun, da ich eine Nacht bei der Geliebten war?
Noch nie habe ich mich so gesehnt, denkt sie, noch nie.

*

Vergiss nie: Die Mühen, Güter zu gewinnen, sie zu erhalten, der bittere Schmerz, sie wieder zu verlieren, macht materielles Glück zu einem großen Unglück.
Doch Menschen, die ihr Herz an Reichtümer hängen, werden davon abgelenkt.

*

Da die Wahrheit instinktiv ohne Denken verstanden wird,
ist sie unwillkürlich jedem Herzen vertraut.

*

Prasselnder Regen

Der Kirschbaum, den im Herbst der Blitz zerriss,
jetzt ist er wieder über und über von Blüten
verschleiert.

*

Das Bewusstsein ist der Herr des Körpers.
Es ist die Ursache, nicht die Reaktion,
es ist das, was die Ordnung schafft,
nicht was geordnet wird.

*

Dort, wo man im Traum umhergeht,
muss es wie Tau von den Bäumen sickern.
Als ich heute Morgen erwachte,
waren meine Ärmel ganz nass.

*

Unendlich ist in der Tat das erhabene schöpferische Prinzip, der Ursprung von allem. So weit und umfassend wie der Himmel. Es lässt Wolken hervortreten, den Regen die Fülle spenden und alle Objekte in ihre jeweilige Form fließen.

*

Ein edler Mensch verliert sein kindliches Herz nie.

*

Wenn du erwachst und verstehst,
dass es nicht mehr nötig ist, sich abzumühen,
so ist nichts mehr der Unbeständigkeit
der Erscheinungen unterworfen.

*

Die größten Ereignisse unseres Lebens sind nicht in unseren lautesten,
sondern in unseren stillen Stunden

*

Warm weht der Abendwind über das Ufer des Flusses.
Ich warte auf die Geliebte.
Eine Möwe ruft voller Sehnsucht.

*

Wer andere Menschen liebt,
der wird auch von anderen geliebt.
Wer andere Menschen hasst,
wird auch von anderen gehasst.

*

Sterben kann nicht so schwer sein –
bis jetzt hat es jeder geschafft ...

*

Wer die Leere nicht erlitt,
bändigt die Fülle nicht.
Wer die Straße nie verlor,
würdigt den Wegweiser nicht.

*

Der uralte Weiher:
Der Sprung des Frosches vertieft das Schweigen.

*

Dies ist noch zu tun, das erst angefangen,
jenes kaum fertig, und unversehens naht der Tod.
»Ach, ich bin verloren!«, denke ich …

*

Ich bin ein Mensch – nichts Menschliches ist
mir fremd! Darum ist die größte Versuchung,
der ich erliegen kann, den Willen Gottes meiner
menschlichen Schwäche unterordnen zu wollen.

*

Nicht fragen und zweifeln.
Nicht rechnen und hadern.
Nicht hoffen und verzweifeln.
Sich nur vertrauensvoll
von Augenblick zu Augenblick tragen lassen.

*

Nur im Winter erkennst du, dass die Tanne ihr
Grünes nicht verliert.

*

Die Natur ist die Manifestation außerhalb von uns
selbst.
Der Geist ist die Manifestation der Natur innerhalb
von uns.
Die Natur außerhalb von uns zu zerstören heißt,
den Geist innerhalb von uns zu zerstören.

*

Ist die Nacht schon vorüber?
Aber wir haben doch eben erst die Augen zu den
Kirschblüten emporgehoben!

*

Es gibt viele Menschen, die ihr Leben aufs Spiel
setzen, um weltliche Dinge zu erlangen.
Das zeigt, dass sie den wahren Wert der Dinge nicht
kennen.
Wer den wahren Wert nicht kennt, hält das
Wichtige für unwichtig und das Unwichtige für
wichtig.

*

Die meisten Menschen wissen nichts von diesem Juwel, doch jeder besitzt ihn – diesen Schatz tief verborgen im Bewusstsein.

*

Mitgefühl

Das Feuer hat mir das Sommerhaus geraubt.
Nun kann ich mich ganz dem Mond hingeben.

*

Ein Fluss, in dem kein Wasser mehr fließt, ist tot.
Ein Baum ist tot, wenn er nicht mehr wächst.
Dasselbe lässt sich über Weisheit sagen, die ständig
wachsen muss, um lebendig zu bleiben.

*

Drückt ihr euch in verzierter Sprache aus,
so entstammt dies dem Reich der Befleckungen.

*

Melonen, die ich ihm vor einem Jahr nicht geben
konnte,
jetzt bringe ich sie ihm als Totenopfer.

*

Wer den wahren Weg beschreiten will, muss
täglich die Stille des Geistes in sich herstellen, mit
sich All-Eins sein, zu sich finden. Denn nur in der
Stille des Geistes werden wir wach.
Dort gelangen wir zum Bewusstsein unserer
Existenz, unseres Seins.
Wer Zeit haben will, darf sich nicht willenlos vom
Strom der hastenden Umwelt mitreißen lassen.
Wer seinem eigenen Rhythmus folgt, wer auf den
eigenen Pulsschlag horcht, hat mehr vom Leben.

*

Blühende Gräser auf dem alten Schlachtfeld.
Den Träumen entsprossen der toten Krieger.

*

Nimm die Kritik an und unterwirf dich der
Verleumdung der anderen.
Sie ermüden sich schließlich selbst in ihren Mühen,
den Himmel mit einer Kerze anzuzünden.

*

Hebt man den Blick, sieht man keine Grenzen.

*

Er verhält sich völlig selbstlos,
daher kommt in sein Gefühlsleben
Zuverlässigkeit und Beständigkeit.
Er freut sich und leidet,
so als ob er gar nicht er wäre,
der sich freut und leidet.
Etwa wie atmen.
Nicht er atmet – er wird geatmet.

*

Das Sein wohnt nicht an irgendeinem Ort.
Ablauf ist ohne Zeitdauer.
Sein ohne festen Ort ist Raum.
Ablauf ohne Zeitdauer ist Ewigkeit.

*

Mit seinem letzten Hauchen
bringt der Nachtwind aus dem Gehölz
den Duft der ersten Pflaumenblüten mit.

*

Bildet sich eine Abweichung, und sei sie noch so winzig, so kann sich dies nicht mit dem Rhythmus der Musik harmonisieren.

*

Jedes Werden in der Natur,
im Menschen, in der Liebe
muss abwarten, geduldig sein,
bis seine Zeit zum Blühen gekommen ist.

*

Satori überfällt den Menschen jählings und wirkt
sich wie eine geistige Katastrophe aus.
Dieses wissen alle Erleuchteten. Selbstbewusstsein,
Überzeugung, Maßstäbe, Wertschätzungen aus
ihrem bisherigen Leben – nutzlos, ausgelöscht; so
als wären sie nie da gewesen.

*

Du bist oft weggelaufen, kleiner Sohn –
hinter den Libellen her.
Doch nie so weit wie jetzt.

*

Die Natur hat Vollkommenheit, um zu zeigen,
dass sie nur ein Abbild Gottes ist, und Mängel,
um zu zeigen, dass sie nur ein Abbild ist.

*

Der Weise wirkt, ohne in den natürlichen Fluss der
Dinge einzugreifen; er lehrt ohne Worte.

*

Der edle Mensch lässt sich mit dem Wind
vergleichen,
die anderen mit den Gräsern.
Die Gräser bewegen sich in die Richtung, in die der
Wind bläst.

*

Wenn sich der grüne Fasan im Frühling durch die
Gräser schmiegt, um seine Henne zu lieben, verrät
er den Menschen, wo sie wohnt.

*

Es ist jenes geduldige Sich-Lassen, welches die
Wurzel zenbuddhistischer Gelassenheit überhaupt
bildet. Sie fliegt den Adepten nicht an, sondern
muss in ausdauernder, vielfach recht schmerzvoller
Übung erlernt werden.

*

Die Geburt ist nicht ein augenblickliches Ereignis,
sondern ein dauernder Vorgang. Das Ziel des
Lebens ist es, ganz geboren zu werden, und seine
Tragödie, dass die meisten von uns sterben, bevor
sie ganz geboren sind.
Zu leben bedeutet, jede Minute geboren zu werden.
Der Tod tritt ein, wenn die Geburt aufhört.

*

Tugend ist das Ergebnis von Selbstdisziplin
und fällt nicht vom Himmel
wie Regen oder Hagel.

*

Seid wachsam, steht fest im Glauben, seid mutig
und seid stark!

*

Der Weise umfängt alle Dinge.
Gewöhnliche Menschen unterscheiden
zwischen den Dingen –
und bilden sich auch noch etwas darauf ein.
Deshalb sage ich: »Wer unterscheidet, der sieht
nicht!«

*

Rechtschaffenheit

Sich selbst strenger zu beurteilen,
als man andere beurteilt,
ist ein sicherer Weg, Klagen vorzubeugen.

*

Die Glut des Sommers hat mich so verändert,
gab ich zur Antwort.
Aber die Tränen rannen mir über mein Gesicht.

*

Der Weise scheint in seinem Handeln langsam zu sein,
und arbeitet doch schnell.
Er scheint zu zögern, und ist doch geschwind.
Das kommt, weil er versteht, die rechte Zeit zu treffen.

*

Man sieht nur mit dem Herzen gut,
das Wesentliche ist für das Auge unsichtbar.

*

Die letzte Stille wird der große Friede sein,
den Gott uns in Ewigkeit schenkt.

*

Mein Herz erbebt vor Erinnerung.
Ich bin auf den Kamm meiner Frau getreten –
im Schlafgemach.

*

Warum überlässt du nicht alles dem Gesetz
des Universums und lebst jeden Tag mit einem
fröhlichen Lächeln?

*

Der Einzelne vergeht,
aber der Wissensschatz wird weitergegeben,
vermehrt sich, erweitert sich.
Wissen wirkt der Entropie entgegen.

*

Es ist so still, dass ich sie höre –
die Stille der Natur.

*

Den Tod schert nicht,
was wir bereits getan haben
oder noch zu tun haben.
Ob krank oder gesund,
wir sollten ihm nicht trauen,
unvermutet steht er vor uns.

*

Die Frühlingsblüten haben der Gewalt des Sturmes
nicht widerstehen können. Doch sie sind nicht
allein so jäh gefallen – ich auch.

*

Der Wissende redet nicht,
wer redet, weiß nicht.

*

Freude

Wahrheit ist der Weg des Himmels.
Die Verwirklichung der Wahrheit ist der Weg des
Menschen.
Wer in Wahrheit lebt, der trifft immer das Rechte,
ohne sich anstrengen zu müssen.
Also ist es der Weise, der spontan und mühelos den
rechten Weg verkörpert.

*

Sei bei allen deinen Tätigkeiten stets entspannt,
wach und konzentriert,
und lass Körper, Geist und Sinne eine Einheit
werden.
Dann kann alles, was du tust, zu einem herrlichen
Fest werden,
und alle Aspekte deines Lebens können sich
verwandeln.

*

Die unendliche Mannigfaltigkeit der Wesen und
Welten
ist Manifestation des Geistes.
Das Spiel des Karmas bringt alle Wesen hervor.

*

Ein blindes Kind tappt neben der Mutter her.
Sie gehen zum Kirschblütenfest.

*

Was wirklich im Inneren eines Menschen ist,
das manifestiert sich im äußeren Gehabe.
Deshalb nimmt sich der edle Mensch in Acht,
auch wenn er allein ist.

*

Nichts ist, das dich bewegt,
du selber bist das Rad, das aus sich selbst läuft
und keine Ruhe hat.

*

Der Herr ist mein Hirte,
mir wird nichts mangeln.
Er weidet mich auf einer grünen Aue
und führet mich zum frischen Wasser.

*

So ist er Persönlichkeit durch Unpersönlichsein.
Er kennt keine Todesfurcht –
hat er sie doch so oft vernichtigt.
Er sieht sich auch im Tode aufgehoben
im Sinne von vernichtet – erhöht – bewahrt:
sublatus – elevatus – conservatus.

*

Achte auf deine Gedanken,
denn sie werden Worte.
Achte auf deine Worte,
denn sie werden Handlungen.
Achte auf deine Handlungen,
denn sie werden Gewohnheiten.
Achte auf deine Gewohnheiten,
denn sie werden dein Charakter.
Achte auf deinen Charakter,
denn er wird dein Schicksal!

*

Der weiße Schnee bedeckt das Silberplateau.
Das Licht des Mondes umhüllt den weißen Reiher.
Sie sind sich nahe, doch nicht identisch.
Sie sind innig vereint, doch jeder versteht seinen
eigenen Zustand.

*

Er sucht und findet Einsamkeit
nicht an fernen, stillen Orten,
sondern er schafft sie um sich her,
breitet sie um sich aus,
wo immer er sich befinden möge,
weil er sie liebt.
Und in dieser Stille reift er langsam.

*

Stellen Sie sich vor, dass Ihr Bewusstsein sehr friedlich und ruhig wird, wie ein stiller See oder Teich.
So friedlich, dass auf der Oberfläche noch nicht einmal ein Kräuseln zu sehen ist.

*

Ehre

So dicht aneinandergeschmiegt wie die Flügel des
Eisvogels wollen wir zusammen liegen auf einem
Lotusblatt – dort in der anderen Welt.

*

Vorzeitiger Tod, Niedergang und Verderben
kommen nicht von selbst,
sie werden durch Torheit angezogen.
Langes Leben und dauernde Blüte kommen nicht
von selbst,
sie werden durch Tugend angezogen.
Darum sorgt sich der Weise nicht um das
herbeigezogene Schicksal,
sondern um das, was das Schicksal herbeizieht.
So fällt ihm alles zu, ohne dass jemand es
verhindern könnte.

*

Geh mit schwierigen Dingen um,
solange sie noch leicht sind.
Arbeite am Großen,
solange es noch klein ist.

*

Wer andere kennt, ist gescheit.
Wer sich selber kennt, ist weise.
Wer andere besiegt, hat Muskelkraft.
Wer sich selbst besiegt, ist stark.
Wer genügsam ist, ist reich.
Wer sich durchsetzt, hat Willenskraft.
Wer seine Mitte nicht verliert, der überdauert.
Wer stirbt und doch nicht umkommt, der lebt.

*

Vorgestern wälzte sich der Fluss noch dröhnend vorüber.
Doch gestern zog er schon gedämpft dahin.
Und heute ist er fast versiegt.
Wie kurz und wie sinnlos ist doch das Leben.

*

Es gibt keinen größeren Köder als Verlangen,
keinen größeren Fluch als Unzufriedenheit,
kein größeres Missgeschick als Habgier.
Wer weiß, dass genug genug ist,
wird auch immer genug haben.
Der Weise sammelt keine kostbaren Dinge an.
Er lernt, an Ideen nicht festzuhalten.

*

Ein großer Wohltäter ist das Leid:
Durch seine Erschütterung meines Fundamentes
wird mein Stolz gedämpft.
Es weckt Mitgefühl mit den Wesen
und lässt meinen Geist wachsen.

*

Die Gedanken der Menschen aus meinem
Heimatdorf sind mir nicht mehr vertraut.
Aber die Blumen duften noch genauso wie damals,
als ich ein Kind war.

*

Allein die ursprüngliche Wurzel ergreifen,
sich nicht mit den Zweigen befassen,
das ist wie den Mondschein in einem reinen
Diamanten zu empfangen.

*

Je leichter es ist, etwas zu versprechen,
umso schwerer ist es dann zu halten.
Je mehr man die Dinge auf die leichte Schulter
nimmt,
desto größere Schwierigkeiten bekommt man
damit.

*

Tut ab alles Wissen
und schert euch nicht um die Weisheit –
um wie viel seid ihr dann besser dran!
Tut ab alle Menschlichkeit
und schert euch nicht um Gerechtigkeit –
und vielleicht lernt ihr wieder,
euren Nächsten zu lieben.

*

Nun gibt der Wolkensaum die Sonne frei.
Das Schwirren der Grillen steigt an.
Noch drückender lastet die Hitze.

*

Wer das Leben liebt, ist dem Wissen nahe.

*

Der edle Mensch ist im Frieden mit sich selbst;
der gemeine macht sich ständig Sorgen.

*

Der Weg ist dem Menschen nicht fern.
Versuchen die Leute einem Pfad zu folgen,
der weit entfernt ist vom gewöhnlichen Empfinden
des Menschen,
dann ist dieser Pfad sicherlich nicht der Weg.

*

Der Traum meines Lebens verdämmert.
Aber die Lilien blühen und leuchten wie immer.

*

Ein Weg entsteht, indem man ihn geht.

*

Wer die Wahrheit sagt,
braucht nicht zu argumentieren.
Wer argumentieren muss,
sagt nicht die Wahrheit.

*

Ein Mensch mag wie ein Narr erscheinen,
ohne dumm zu sein.
Vielleicht will er seine Weisheit verbergen
und hütet sie sorgfältig.

*

Nichts ist offensichtlicher als das Geheime,
nichts ist sichtbarer als das ganz Kleine.
Aus diesem Grund achtet der Weise auf sein Verhalten,
auch wenn er allein ist.

*

Willst du dich am Ganzen erquicken,
so musst du das Ganze im Kleinsten erblicken.

*

Die Leute verderben ihre Angelegenheiten oft kurz
vor ihrer Vollendung.
Wer am Ende seiner Arbeit achtsam ist
wie zu Beginn, der verdirbt nichts.

*

Neid, Missgunst, Hass, Gewinnsucht, Gier ...
haben eine gemeinsame Wurzel: Angst.
Ist die Wurzel ausgedörrt, taten wir einen Sprung –
nicht nur einen Schritt.

*

Nicht schauen – erkennen.
Nicht greifen – begreifen.
Nicht denken – verstehen.
Nicht hören – zuhören.

*

Was ist der Lärm gegenüber der Ruhe,
die Anfang und Ende ist?

*

Was immer mir begegnet, es ist mein Leben.
Daher passe ich mein Leben der Situation an,
in der ich mich im Augenblick befinde.
Ich verwende meine Kraft, um aus den Umständen,
die auf mich zukommen, eine Einheit mit meinem
Leben zu gestalten und die Dinge an ihren
richtigen Platz zu setzen.

*

Alles Äußere sagt einem Individuum,
dass es nichts ist,
während alles Innere es davon überzeugt,
dass es alles ist.

*

Oh, süßes Mondlicht!
Wenn ich wiedergeboren werde,
will ich ein Kiefernwipfel sein.

*

Laufen ist Zen. Sitzen ist Zen.
Mag man reden oder schweigen,
bewegen oder ruhen,
der Körper bleibt stets in Frieden.
Selbst angesichts des blanken Schwertes
bleibt der Geist gelassen.

*

Verschwiegenheit

Ich will von den beiden Meeren,
die ewig steigen und fallen,
vom Tod und Leben will ich nichts mehr wissen.
Meine Sehnsucht steht nach einem Gipfel,
den die Wasser nicht erreichen.

*

Hat man die Nicht-Geburt unmittelbar
verwirklicht, braucht man sich über Ehrungen
nicht mehr zu freuen noch sich der Ungnade wegen
zu quälen.

*

Herr über sich selbst, zeigt er stets ein Lächeln und
nie ein ärgerliches Runzeln der Stirn;
aller Welt ist er ein Freund.

*

Vertraut nicht den Lehrern,
sondern der Lehre.
Vertraut nicht den Worten,
sondern dem Sinn.
Vertraut nicht dem relativen Sinn,
sondern dem absoluten.
Vertraut nicht dem Intellekt,
sondern der Weisheit.

*

Ich hörte im Traum die Pflaumenblüte sagen:
Freue dich an meiner Schönheit,
und wenn ich niederwehe,
will ich in deinem Wein versinken,
dass ich ihm meinen Duft noch geben kann.

*

Denken führt zum Zen, und Zen führt weg vom Denken.

*

Niemals lässt der edle Mensch
von diesen vier Befähigungen:
menschliche Güte, vollkommenes Auftreten,
Gerechtigkeit und Weisheit.

*

Der edle Mensch ist mit einem Edelstein vergleichbar: Er muss geschliffen werden, um seine wahren Qualitäten hervorzuheben.

*

Wohin weht der Herbst die willenlosen
Ahornblätter?
Wohin?
Wer kann das sagen …
Bald weht auch euch der Wind davon.

*

Als Moses allein auf dem Berg Sinai stand und die
Gebote von Gott empfing, bin ich sicher, wurde er
durch tiefe Meditation erleuchtet.
So erkannte er die kosmische Wahrheit und leitete
so die Zehn Gebote daraus ab.

*

Offen, bereit für das, was immer kommt,
bin ich lebendig, bin der Moment.

*

Ein Blitz flammt durch die Nacht.
Da der Fischer, gerade schwingt er sein Netz.

*

Der edle Mensch ist zu großmütig,
um stolz zu sein,
Der gemeine ist zu stolz,
um großmütig zu sein.

*

Warum sich selbst kasteien?
Ich be- und verurteile nicht. Es war der Weg des Johannes, in der Wüste zu leben. Es war seine Wahl. Andere gehen ins Kloster, um Gott noch näher zu sein. Mein Weg wäre es nicht. Ich lebe in der Welt der Versuchungen.
Jesus war kein Asket. Er war auf der Hochzeit zu Kana, ließ sich gern einladen, speiste mit Huren und Zöllnern. Nein, Jesus wusste nur, wann genug genug ist. Arm sind nicht die, die wenig haben – arm sind die, die nicht wissen, wann es genug ist. Wozu braucht ein alleinstehender Mann eine Mehrzimmerwohnung? Oder ein »dickes« Auto?
Immer hört man Leute sagen: »Ich kann es mir nicht leisten, früher aufzuhören – meine Rente reicht nicht …« Man kann auch seine Bedürfnisse einschränken. Wozu brauche ich, wenn die Kinder aus dem Einfamilienhaus sind, noch mehr als eine 3-Zimmer-Wohnung?
Was ist dein Ziel? Der Reichste auf dem Friedhof zu sein?
Das gesunde Mittelmaß. Richtig verstandene Armut.

*

Durch meine Taten will ich wirken!
Was nützt mir das Studieren?
Heilt etwa einen Kranken das Lesen von medizinischen Büchern?

*

Der Anfang der Welt ist die Mutter der Welt. Wer
die Mutter erkennt, erkennt sich als Kind,
wer als Kind sich erkennt, bewahrt seine Mutter
und fürchtet das Ende nicht.
Wer seine Worte mindert und seine Türen schließt,
ist am Ende mühelos.
Wer seine Worte mehrt und geschäftig handelt,
ist am Ende hoffnungslos.
Das Beachten des Kleinen nennt man Klarheit.
Das Bewahren der Nachgiebigkeit nennt man
Stärke.
Dem inneren Licht zu folgen führt zur Einsicht
zurück
und bewahrt vor Unheil.
Das heißt: die Erfahrung des Unendlichen.

*

Um weise zu sein,
muss man nicht viele Dinge wissen.
Wer viele Dinge weiß,
ist damit noch nicht weise.

*

Eine Frau steht am Fenster und sieht hinaus.
Es regnet und regnet.

*

Lobreden zerstören den Frieden meines Gemüts,
sie behindern meinen Rückzug aus der Welt, sie
wecken in mir Neid auf Menschen mit Tugend und
verwüsten meine guten Eigenschaften.

*

Da die Wahrheit keine Worte kennt, um sich
auszudrücken, ist sie ihrem Wesen nach Stille,
wahrnehmbar nur in der inneren Bewusstheit des
momentanen Seins.

*

Die Wahrheit ist
der tanzlose Tanz dessen, was alles Seiende
belebt, durchdringt, hindurchtanzt.
Der Raum ist somit nicht ein homogenes,
in unendlicher Ferne identisches leeres Medium,
sondern die unbegreifliche Fülle des Seins
selbst in seinen unzähligen Möglichkeiten.

*

Lass dich durch nichts in der Welt binden
als nur durch die höchste Wahrheit.
Denn außer ihr ist nichts von Bedeutung.
Wer nicht den tiefen Sinn des Lebens sucht,
der lebt vergebens.

*

Feuchter Herbst

Die vollkommenen Weisen kennen weder Liebe zum Leben
noch Hass auf den Tod.
Der Eintritt ins Leben ist für sie kein Grund zur Freude –
der Austritt aus ihm ruft in ihnen keinen Widerstand hervor.
Sie kommen und gehen in Gelassenheit.
Sie vergessen nicht ihren Anfang
noch fragen sie nach ihrem Ende.
Sie nehmen ihr Leben hin und freuen sich daran,
sie vergessen jede Furcht vor dem Tod
und kehren zurück in den Zustand vor ihrem Leben.
Es liegt ihnen fern, den Weltgesetzen zu widerstehen,
und den geringsten Versuch
zu machen, mit menschlichen Mitteln
das Göttliche beeinflussen zu wollen.

*

Gut Gegründetes wird nicht erschüttert,
gut Gehegtes wird nicht entgleiten;
so wird es von den Nachfahren gepflegt und geachtet.
Entwickle Tugend in dir selbst
und die Tugend wird wahrhaft sein.
Entwickle Tugend in der Familie
und die Tugend wird reichlich sein.
Entwickle Tugend im Dorf
und die Tugend wird gedeihen.
Entwickle Tugend im Staat
und die Tugend wird wachsen.
Entwickle Tugend in der Welt
und die Tugend wird überall sein.
Betrachte den Einzelnen als Einzelnen, betrachte die Familie als Familie,
betrachte das Dorf als Dorf,
betrachte den Staat als Staat,
betrachte die Welt als Welt.

*

Ein edler Mensch ist als Person leicht zufriedenzustellen,
aber schwer, wo es um das Wesentliche geht.
Der gemeine Mensch ist schwer als Person zufriedenzustellen,
aber leicht, wo es um das Wesentliche geht.

*

Wer ein Kind aufnimmt in meinem Namen,
sprach Jesus, der nimmt mich auf. Und wer mich
aufnimmt, der nimmt den auf, der mich gesandt
hat.

*

Jeder Tag des Lebens ist Übung.
Übung für mein Selbst.
Mag ich auch scheitern, so lebe ich doch
in der Einheit mit allen Dingen.

*

Wenn der Wunsch nach Glück ausreichte,
um es herbeizuführen,
gäbe es kein Leid – denn niemand sucht Leid.

*

Abhängig von Geld, Konsum, Werbung, keine
Grenze! Das Geld muss unter die Leute, HABEN,
HABEN, HABEN WOLLEN!
Wie lange willst du dich noch versklaven lassen?
Merkst du nicht, dass du Götzendienst vom
Feinsten betreibst – dass du dem Teufel direkt
zuspielst?
Satans größte Waffe ist, uns glauben zu machen,
dass es ihn nicht gibt.
Er ist ein Meister der Täuschung! Seid wachsam!

*

Wer von Tugend erfüllt ist,
ist wie ein neugeborenes Kind;
giftige Insekten stechen es nicht,
wilde Bestien beißen es nicht,
Raubvögel greifen es nicht.
Seine Knochen sind weich, seine Muskeln sind
schwach, aber sein Griff ist fest.
Es weiß noch nichts von Mann und Frau,
doch sein Geschlecht zeigt und erregt sich schon.
Es ist voller Lebenskraft, es schreit den ganzen Tag
und wird davon nicht heiser in vollendetem
Einklang.
Das Wissen vom Einklang ist das Unendliche.
Das Wissen vom Unendlichen ist die Erleuchtung.
Zunehmendes Alter bringt Unheil,
zunehmender Willen bringt Stärke,
zunehmende Stärke bringt Erstarrung.
Das ist nicht mehr der rechte Weg,
daher geht es bald zu Ende.

*

Viele Gedichte klingen wahr, aber die tiefste
Wahrheit lebt in jenen,
die einfach sind wie Kinderworte.

*

Wer weiß, redet nicht; wer redet, weiß nicht.
Beende das Gerede, schließe die Türen,
dämpfe den Eifer, löse die Verwirrung,
mindere den Glanz, finde den Grund.
Das heißt eins werden mit dem Ursprung.
Wer dies erreicht hat,
wird von Liebe und Hass nicht erschüttert,
wird von Gewinn und Verlust nicht berührt,
wird von Ehre und Schande nicht betroffen.
Darum wird er von allen geschätzt.

*

Wenn du klug bist,
suchst du nicht das Vergnügen,
denn diese Suche birgt Gefahr.
Vergnügen sind vergänglich –
begreife das und bleib standhaft.

*

Wem soll ich unser Leben vergleichen?
Es ist wie die blinkenden Wellen,
die hinter dem Segel dort im Dunst des Morgens
spurlos vergehen.

*

Fernab seines Rückzugortes beginnt nun ein
Leben, das einen doppelt Empfänglichen doppelt
mitnimmt.
Und so hat Meditation für ihn eine zentrale
Bedeutung.
Alles schon Geleistete wird immer wieder zur
Vorübung für kommende Leistungen.
Und keiner kann sagen, er wäre am Ende.
Auch der Vollendete nicht.

*

Wer Fragen über den Weg beantwortet, versteht
nichts vom Weg.
Es ist unmöglich, sich über den Weg zu
erkundigen, und es existieren keine Antworten.
Fragen zu stellen, die niemand beantworten kann,
ist töricht.
Wer Fragen beantwortet, auf die es keine Antwort
gibt, dem mangelt es an Erfahrung.

*

Oh, diese Mondnacht gestern!
Unmerklich dämmert sie in den Morgen hinüber.

*

Reiche und Berühmte gab es viele –
mit all ihrem Reichtum und ihrem Ruhm,
wohin sind sie gegangen?
Niemand weiß es …

*

Wenn du schläfst, schlafe.
Wenn du isst, esse.
Wenn du arbeitest, arbeite.
Wenn du schaust, erkenne.

*

Jeden Tag bin ich Versuchungen aller Art
ausgesetzt. Das ist nicht weiter schlimm. Der Hang
zur Sünde gehört zum menschlichen Wesen.
In unseren Prüfungen reifen und wachsen wir.
Schlimm wird es nur, wenn man diesen
Versuchungen nachgibt!
Sünde fängt immer da an, wo ich gegen mein
Gewissen, gegen die Stimme Gottes handele.
Richtig verstandene Armut, Keuschheit und
Gehorsam sind das beste Mittel gegen die Sünde.

*

Erfolg stützt sich auf Elend.
Erfolg birgt Elend unter sich.
Wer kennt das Ende?
Recht wird zu Unrecht,
Ordnung zu Unordnung
und die Verwirrung wächst.
Daher ist der Weise klar, aber nicht verletzend,
treffend, aber nicht durchdringend,
freimütig, aber nicht rücksichtslos,
erhellend, aber nicht blendend.

*

Worte sind da, um einen Sinn zu vermitteln;
wir wollen den Sinn behalten und die Worte
vergessen.

*

Lebensklugheit bedeutet,
alle Dinge möglichst wichtig,
aber nichts völlig ernst zu nehmen.

*

Verlust

Der Klang der Tempelglocke hallt von fern her
durch die eisige Winternacht.
Ich denke an den frierenden Mönch,
der sie läutet.

*

Die Dinge wissen bedeutet viel.
Die Dinge fühlen bedeutet alles,
was diese Welt zu bieten hat.

*

Erinnern heißt die Kunst,
einmal Genossenes nicht nur festzuhalten,
sondern es immer reiner auszuformen.

*

Im Sorgen für andere und im Dienste des Himmels
ist nichts so wichtig wie die Mäßigung.
Mäßigung bedeutet frühes Nachgeben.
Frühes Nachgeben bedeutet Sammeln der Tugend.
Mit gesammelter Tugend ist nichts unerreichbar.
Ist nichts unerreichbar, gibt es keine Grenzen.

*

Sei vorbereitet auf den Tod,
der deine Füße täglich umschleicht.
Egal, was du tust, wohin du gehst –
er findet dich mit Sicherheit.

*

Hat man Geduld entwickelt,
muss man Beharrlichkeit stärken,
denn in ihr gründet das Erwachen.
So wie ohne Wind keine Bewegung entsteht,
so gibt es kein Verdienst ohne Ausdauer.

*

Der Morgen weht über den Fluss.
Da heben sich die Nebelschleier.
Mit einem Mal stehen die Pfähle für die
Fischreusen groß und klar im kühlen, fahlen Licht.

*

Da es nicht ohne Bewusstsein ist, ist es nicht ohne Sprache.
Doch nur unbewusst spricht es.
Wenn du vor deinem Gewissen – der Stimme Gottes in dir – deine Taten verantworten kannst, dann ist es gut.
Niemand hat gesagt, du darfst dich nicht am Leben erfreuen – nur halte Maß.
Die Menschen lachen dich aus, sie reden schlecht über dich, sie beobachten jeden deiner Schritte, weil sie verwirrt sind, weil sie nicht erkennen können, was wirklich zählt in diesem Leben.
Weil sie von Satan verführt wurden in Form von Neid, Missgunst, Habgier, und Existenzangst.
Wenn sie aber die Möglichkeit bekommen oder sich selber die Chance geben, dich näher zu erleben – und länger –, werden sie vielleicht immer noch nicht verstehen, aber der Respekt dir gegenüber wird zunehmen und man wird dich als ehrliche Person ohne Falsch und Hinterlist erkennen, und etwas färbt dann auf ihr Verhalten ab.
Heute kann man das Reich Gottes nicht verkünden, indem man Bibeln verteilt.
Heute werden wir nur glaubwürdig, wenn wir vorleben, was unserem Wesen entspricht.
Nur durch Vorleben werden wir glaubwürdig!
Dessen kannst du dir sicher sein: Eines Tages werden wir vor unserem Schöpfer stehen, und wir – wir beide – werden sagen können: »Herr, ich habe einen gerechten Kampf gekämpft. Ich habe Deinen Kampf gekämpft!«

*

Denn das Weibliche überwindet das Männliche
durch Nachgiebigkeit.
Stellt sich ein großes Reich unter ein kleines Reich,
so gewinnt es das kleine Reich dazu. Stellt sich ein
kleines Reich unter ein großes Reich, so gewinnt es
das große Reich dazu.
Wer siegen will, muss sich beugen.
Wer herrschen will, muss dienen.
Denn die großen Reiche wollen einen fördern,
die kleinen Reiche wollen beitreten und aufgehen.
Um dies zu erreichen, muss das Große sich beugen.

*

Wer selbst nicht streitet,
mit dem kann niemand streiten.

*

Warum unzufrieden sein, wenn es einen Ausweg
gibt?
Und gibt es keinen, was hilft dann
Unzufriedenheit?

*

Oh, süßer Tod – willkommen.
Das Ende aller Qualen.

*

Wenn Bewusstheit die Pforte unseres Geistes hütet,
gesellt sich Wachsamkeit hinzu,
und selbst wenn sie sich zeitweilig entfernt,
kehrt sie zurück.

*

Tue durch Nicht-Tun.
Wirke ohne Handeln.
Genieße ohne Reiz.
Vergrößere das Kleine.
Mehre das Wenige.
Vergelte Feindschaft mit Wohlwollen.
Plane das Schwierige im Leichten.
Erreiche das Große im Kleinen.
Denn das Schwierige beginnt im Leichten.
Und das Große beginnt im Kleinen.
Daher versucht der Weise nichts Großes zu tun
und vollendet Großes.
Doch wer viel verspricht, hält zumeist wenig; wer
viel leicht nimmt, findet alles schwer.
Darum hält der Weise alles für schwer
und findet es leicht.

*

Die Selbsterkenntnis ist die Quelle allen Wissens.

*

Die Mutter pflückt Teeblätter und singt.
Das Kind auf ihrem Rücken bewegt eine Blume im Takt.

*

Der edle Mensch findet Freude in sich selbst,
während der Gemeine sich nur freut,
wenn er von anderen anerkannt wird.

*

Meine Zukunft ist im Hier und Jetzt.
Kann ich das Heute nicht ertragen,
wann sollte ich es können?

*

Warum führt das Meer die Ströme,
die Ströme die Flüsse,
die Flüsse die Quellen?
Weil sie niedriger sind als jene.
Darum: Um über das Volk erhaben zu sein, muss
man sich darunter stellen.
Um dem Volk voranzugehen,
muss man sich dahinter stellen.
Darum ist der Weise erhaben,
ohne das Volk zu bedrücken,
führend, ohne dem Volk zu schaden.
So freut sich das Volk, ihm zu folgen.
Weil er sich nichts erstreitet,
will niemand mit ihm streiten.

*

Schön ist eigentlich alles,
was man mit Liebe betrachtet.

*

Trauer

Die Sinneswelt ist nur der Schatten der Realität.

*

Form ist nichts anderes als Leere, Leere ist nichts anderes als Form. Form ist wirklich Leere, Leere ist wirklich Form.
Das Gleiche gilt für Empfindung, Wahrnehmung, Wollen und unterscheidendes Denken. Die Formen aller Dinge sind leer, sie entstehen nicht und sie vergehen nicht.
Sie sind nicht rein, und nicht unrein. Nehmen nicht ab und nicht zu.
Daher ist in der Leere keine Form, weder Empfindung, Wahrnehmen, Wollen oder unterscheidendes Denken.
Weder Auge, Ohr, Nase, Zunge oder Körper.
Weder Farbe, Ton, Duft oder Geschmack, weder Berührbares noch Vorstellung, weder ein Bereich der Sinnesorgane noch ein Bereich des Denkens, weder Unwissenheit noch ein Ende von Unwissenheit. Und so gibt es weder Alter noch Tod noch ein Ende von Alter und Tod, weder Leiden noch Entstehen von Leiden, kein Anhäufen, Vernichten, keinen Weg, weder Erkennen noch Erreichen, weil es nichts zu erreichen gibt.
Ein Bodhisattwa lebt aus dieser Weisheit, ohne Hindernis im Geiste, ohne Hindernis und daher ohne Furcht.
Jenseits aller Illusion ist endlich Nirwana. Alle Buddhas der Vergangenheit leben aus dieser transzendenten Weisheit.

Erreichen die höchste Erleuchtung, vollkommen
und unübertroffen.
Wissen daher, dass es die transzendente Weisheit,
das große heilige Mantra ist, das große strahlende
Mantra, das alle Leiden nimmt. Das ist wahr und
ohne Fehl. Das ist das Mantra, verkündet in der
transzendenten Weisheit. »Gate, parasam gate
Bothi Swaha!«
»Ich habe die andere Seite gesehen!«

*

Siehst du den Menschen dort,
der Satori erlangt hat
und aufgehört hat, sich abzumühen,
und nichts mehr tut?
Er sucht nicht die Illusion zu zerstören
noch die Wahrheit zu finden.

*

Ein Glühwürmchen schwebt durch die Nacht.
Ich wollte sagen: »Sieh doch, Geliebte!«
Aber ich war ja allein …

*

Wer etwas für einen anderen tut, darf sich nichts
darauf einbilden oder selbstgefällig werden. Nicht
um Belohnung soll es ihm gehen, sondern nur
um eines: Das Glück des anderen sei seine ganze
Leidenschaft.

*

Sich zurückziehen, ruhig und still –
Zazen üben friedvoll und glücklich.
Einfaches, heiteres Leben – wahre Schönheit!

*

Der Geist des Menschen liebt die Reinheit,
aber der Verstand verunreinigt ihn.
Der Verstand liebt die Stille,
doch seine Wünsche reißen ihn fort.
Könnte er nur immer seine Wünsche abtun,
sein Verstand würde von selbst still werden.
Würde sein Verstand klar werden,
so würde sein Geist von selbst zur Reinheit
zurückkehren.

*

Wer liebt, kann mutig sein.
Wer genügsam ist, kann großzügig sein.
Wer demütig ist, kann vorangehen.
Wer mutig ist ohne Liebe,
wer großzügig ist ohne Genügsamkeit,
wer vorangeht ohne Demut,
geht ins Verderben.
Die Liebe ist siegreich im Angriff, unverwundbar in der Verteidigung.
Wen der Himmel behüten will,
den schützt er mit Liebe.

*

Je mehr sich der Mensch als ein Selbst fühlt, es zu steigern und in unendlicher, in Wahrheit nie erreichbarer Annährung zu vollenden versucht, umso entschiedener ist er aus der Mitte des Seins, die nicht – nicht mehr – seine eigene Mitte ist, herausgetreten, umso weiter hat er sich von ihr entfernt.

*

Es gibt eine Blume, die Vergessen heißt.
Wo muss man nach ihrem Samen suchen?
In solchen Herzen nur, die nie Glück,
die nie die Qualen der Liebe gefühlt!

*

Jetzt weiß ich, dass unsere Welt nicht beständiger ist als eine Woge im Ozean. All unsere Mühen und Triumphe, wie wir sie auch erleben, zerlaufen zu einem Wasserfleck. Genau wie wässrige Tinte auf Papier.

*

Es ist mir egal und es sollte auch dir egal sein, was die Leute reden. Ja, es kann auch in unserer Zeit gefährlich sein, seinen Glauben zu vertreten. Aber wenn man ohne Hintergedanken, offen und ehrlich ist, nicht falsch redet, sondern das aus tiefster Überzeugung weitergibt, was man im Herzen spürt, wer sollte uns dann verurteilen können? Denn wem das Herz voll ist, dem geht die Zunge über. Auch aus den eigenen Reihen wirst du Widerstand zu ertragen haben, und deine Leute werden sich von dir abwenden, deine Freunde dich verspotten. Das ist das, was Jesus meinte, als er sagte: »Wer mir nachfolgen will, nehme sein Kreuz auf sich und folge mir nach!« Es sind die Leiden, der Hohn, der Spott, die Ungerechtigkeit dieser Welt, ja auch die körperlichen Gebrechen, die wir zu erdulden haben.

Der Herr sagt: »Wer das Leben gewinnen will, wird es verlieren; wer aber das Leben um meinetwillen verliert, wird es gewinnen.« Er meint nicht nur den leiblichen Tod, sondern auch die konsequente Aufgabe des bisherigen Lebens.

Der Körper ist weltlich und somit sterblich, die Seele ist Gottes und somit ewig. Ja, ich habe Angst vor dem Sterben – ich habe aber keine Angst mehr vor dem Tod.

*

Es gibt manche, deren Kampfeswillen es steigert,
wenn sie ihr eigenes Blut sehen.
Ein anderer fällt in Ohnmacht, wenn er nur das
Blut des anderen sieht.
Der Grund liegt in der Stärke oder Schwäche des
Geistes.
Den Schmerz nicht zu beachten heißt, ihm zu
widerstehen.

*

Ein guter Herrscher braucht keine Gewalt.
Ein guter Krieger kämpft ohne Zorn.
Ein guter Sieger greift nicht an.
Ein guter Anführer hält sich zurück.
Das ist die Tugend der Friedfertigkeit
des höchsten Umgangs mit Menschen,
die höchste Einheit mit dem Himmel,
das höchste Ziel der Vorfahren.

*

Heute herrscht schon eine Art Unschuldswahn.
»Ach, ich kann doch nichts tun! Ich bin doch auch nur ein Rädchen im Getriebe. Wieso? Das machen doch alle so. Ich bin nicht schuld, sondern die Lehrer, die Gesellschaft, die Kollegen, das System, die Politik ...«
Das ist ein grober Verstoß gegen den Gehorsam gegenüber Gott. Wir haben hier einen Auftrag!
Und wenn er uns auch leider nicht lesbar auf einem Zettel in die Wiege gelegt wurde, so wissen wir doch, nach welchen Gesetzen wir zu handeln haben! Christ sein bedeutet: Verantwortung für sein Handeln zu übernehmen!
Wir gehen in die Gottesdienste, sind wunderbare Sonntagschristen – aber dann im Alltag tragen wir ein wunderschönes Kreuz aus Gold um den Hals und setzen die Ellenbogen ein, verschaffen uns buchstäblich Vorteile auf Teufel komm raus!

*

Meine Worte sind leicht zu verstehen, leicht zu befolgen. Aber auf der Welt ist niemand fähig, sie zu verstehen, sie zu befolgen.
Meine Worte haben einen Ursprung, meine Taten haben eine Richtung. Weil sie diese nicht verstehen, verstehen sie auch mich nicht. Die wenigen, die sie verstehen, werden mich schätzen. Darum trägt der Weise außen grobe Kleider, innen kostbare Jade.

*

Nichts in der Natur ist sinnlos. Alles hat seinen Grund, auch wenn es nicht zu erkennen ist. Das liegt daran, dass jedes Individuum nur ein kleines, unscheinbares Rädchen im Getriebe ist. So kann es unmöglich den Überblick über die Gesamtheit haben.
Ein Rädchen im Getriebe – doch ohne es wäre die perfekte Funktion des Ganzen nicht gegeben.

*

Die meisten Menschen stellen Bedingungen an das Glück.
Doch Glück kann nur empfinden, wer keine Bedingungen stellt.

*

Mitternacht ist vorüber.
Die Milchstraße schimmert im Wasser des Reisfeldes.

*

Der edle Mensch ist freundlich auch zu Menschen, mit denen er nicht übereinstimmt.
Der Gemeine streitet selbst mit jenen, mit denen er einer Meinung ist.

*

Nichts ist gut! Denn ohne echte Reue ist
jede Beichte nichts weiter als frömmelnde
Schauspielerei!
Wir sind sensationslüstern und warten nur
darauf, bis der Nächste stolpert und von der Meute
zerrissen wird. Skrupellos teilen wir seine Habe
unter uns auf, wenn er gefallen ist. Hauptsache,
wir stehen gut da. Ekelhaft.
Das Gewissen ist wie ein Muskel. Es muss immer
trainiert werden. Wer meint, er sei am Ende und
so ein toller Typ, irrt gewaltig. Es wird hier auf
Erden nie zu Ende sein. Denn der Teufel lauert und
wartet nur, um uns in den Strudel hinabzuziehen.
Immer und allezeit!

*

Wer nicht weiß, dass er weiß, ist weise.
Wer weiß, dass er nicht weiß, ist leidend.
Doch nur wer an diesem Leiden leidet,
leidet darum nicht.
Der Weise leidet nicht,
weil er an diesem Leiden leidet.

*

Die Welt wird von Leidenschaften beherrscht
und kann sich nicht selbst befreien.
Es ist auch meine Aufgabe, für sie zu handeln –
denn ich bin nicht so machtlos.

*

Das größte Problem, das wir haben beim Aufbau der Tugenden (der Antisünden), ist unser Geld, unser Wohlstand! Wohlstand macht blind, jeder meint, sich freikaufen zu können. Daher auch der Trend zur Vereinsamung in der Gesellschaft. Egoistentum pur! Und unseren Kindern wird es schon von klein auf mitgegeben. Alles kleine Prinzen und Prinzessinnen. Versuche, mit kleinen Gesten anzufangen! Lass eine ältere Dame im Bus sitzen, trage die Einkaufstaschen nach oben, spare Wasser, Strom, Heizung. Und du wirst merken, dass es dir guttut. Gottesdienst findet 24 Stunden am Tag statt. Beobachte dich – auch wenn du allein bist! Bete häufig und handele rechtschaffen. Versuche, Mitgefühl zu entwickeln, und du wirst eine Abneigung gegen Lüge, Ungerechtigkeit, Neid entwickeln. Es sind die kleinen Dinge im Alltag, die uns zu besseren Menschen machen. Wir machen uns ständig Gedanken, mit wem unsere Kinder Umgang haben und was sie tun. Aber uns selbst beobachten wir selten!

*

Kälte, Hitze, Regen und Wind, Krankheit, Hunger und Gefangenschaft …
Über all das zu klagen verschlimmert das Leid.

*

Der edle Mensch lernt und forscht, um aller
Tatsachen eingedenk zu sein. Er befragt andere, um
seine Urteilskraft zu stärken. Er stellt sein Leben
unter das Motto der Verzeihung und macht die
Güte zur Essenz seiner Lebensführung.

*

Durch die Worte verwirrt,
stürzt ihr in den Abgrund.
In Zerwürfnis mit den Worten gelangt ihr
in die Sackgasse des Zweifels!

*

Du bist nicht gekommen.
Ich habe die ganze Nacht geweint
bis an den grauen Morgen.
Ob du wohl weißt, wie lang so eine Nacht ist und
wie dunkel?

*

Der Name ist nur Gast der Wirklichkeit.

*

»Selig sind die geistig Armen, denn ihnen gehört das Himmelreich!«, steht da geschrieben. Was heißt das eigentlich? Sind nun die Dummen selig, die Zurückgebliebenen? Oder meint der Herr hier das einfache Volk, die, die nichts studiert haben, eben die einfachen Hilfsarbeiter? Den Straßenkehrer, die Menschen, die sich nicht durch Bildung und Position hervorheben können, wollen oder müssen?
Beide Klassen! Beide meint Er.
Wenn das Wort Neid nicht so negativ wäre, würde ich fast sagen, es gibt Momente, da beneide ich die »geistig Behinderten«, die 50-jährigen Erwachsenen, die einfach sind wie die Kinder – Menschen, die man einfach mögen muss.
Man könnte auch sagen: »Selig sind die, die ihr kindliches Herz nicht verlieren!« Selbst der größte Verbrecher kommt als unschuldiges Kind zur Welt. Das Umfeld macht ihn zu dem, der er dann ist. Und jeder Straftäter weiß im tiefsten Inneren, dass es falsch ist, was er tut – es sei denn, er ist geistig verwirrt. »Und bewahre uns vor Verwirrung und Sünde!«, heißt es im katholischen Gottesdienst. Und auch die nach Geld und Macht gierenden Wirtschaftsbosse sind hochgradig verwirrt. Ja, das ist genauso ein Machwerk des Teufels. Das größte Elend der Kirchen in Deutschland ist ihr finanzielles Vermögen.

*

Haben die Menschen keine Ehrfurcht,
geschieht das Furchtbare.
Achte ihre Häuser. Achte ihre Arbeit.
Nur wenn du sie achtest,
werden sie dich achten.
Darum erkennt der Weise sich selbst,
aber zeigt sich nicht.
Er achtet sich selbst,
aber beachtet sich nicht.

*

Dem inneren Werk
gilt täglich Bemühung und Übung.
Und so ist er täglich, stündlich, immer dabei.
In der Tiefe der Seele und der Fülle des Herzens
lebt er zeitlos und doch in der Zeit.
Eins mit dem Leben, Schicksal und Tod.

*

Wer den Willen des Himmels nicht erkennt,
der ist kein edler Mensch.

*

Abschied

Er hat mich verlassen.
Aber ich denke nicht an meine Qualen;
ich denke nur an ihn,
der seinen Schwur gebrochen hat.
Oh, straft ihn nicht dafür, ihr Götter!

*

Wie ein Kind, das jammert und schreit,
wenn seine Sandburg weggeschwemmt wird,
so klagt mein Herz vor den Trümmern
meines Ansehens und meines Ruhmes.

*

Der Verwegene wird vergehen,
der Besonnene bleibt bestehen.
Von diesen beiden ist einer im Nachteil,
einer im Vorteil.
Wer kennt die Gründe des Himmels?
Selbst der Weise nicht.
Des Himmels Weg ist Überwindung ohne Streit,
Belohnung ohne Worte,
Erscheinung ohne Ruf,
Wirkung ohne Mühe.
Des Himmels Netz ist endlos weit,
so weit die Maschen sind geknüpft,
so schlüpft doch nichts hindurch.

*

Warum mögen Kinder Tiere so gern? Schaue in die Augen einer Kuh, einer Ziege, eigentlich jedes Tieres – ein Pferd will (und kann) nichts anderes sein als ein Pferd. Ebenso ist es mit Hunden, Katzen und allen anderen Tieren, ja auch Raubtieren! Man kann einem Krokodil keinen Vorwurf machen, dass es ein Krokodil ist!

Tiere haben keine Maske auf, sie spielen mit offenen Karten. Genau wie kleine Kinder – bis sie von der Umwelt geformt werden. Sei wie ein Kind! Habe Urvertrauen! Gib dich ganz in Gottes Hand. Er weiß, bevor du Ihn um etwas bittest, was du brauchst. Manchmal merkt man erst spät, dass man eine Maske aufhatte, ohne es zu merken – aber wenn die Maske der Selbsttäuschung herunter ist, wenn man sich nicht mehr selbst an der Nase herumführt, dann hat man die große Chance, in diesem irdischen Leben ganz geboren zu werden. Denn auch die einfachen Leute, die ihren Glauben echt leben, auch die sind gemeint. Die zum Beten in ihr Kämmerlein gehen, die heimlich Almosen geben. Die keinen Glauben heucheln müssen, die Kranke aus Überzeugung besuchen, die aus Überzeugung die Nackten kleiden, weil sie ganz von Gott durchdrungen sind. Aber Jesus meint noch mehr, er wendet sich an die Studierten, die Leute, die alles, aber auch wirklich alles zu Tode theologisieren müssen. Die, die sich unter anderem Jahrhunderte darum gestritten haben, ob man von Jesus Bilder und Statuen herstellen darf oder nicht!

Wie ist das nun mit der Heiligen Dreifaltigkeit?

Ganzgott, Halbgott, Viertelgott? Hä?? Ist das
wichtig? Jesus ist der inkarnierte Gott. Was braucht
man mehr?

*

Dies soll das Ende sein???
Wie kann es das?
Zunächst einmal: Wir leben!

*

Wer den Stachel des Hasse in sich trägt,
findet keinen inneren Frieden, kennt keine
wirkliche Freude und kein Wohlergehen.
Er findet weder Schlaf noch Ausgeglichenheit.

*

Wenn die Menschen den Tod nicht fürchten, was
hilft es, mit dem Tod zu drohen?
Wenn die Menschen den Tod stets fürchten,
was hilft es, den Verbrecher zu fassen und zu töten?
Der Tod selbst ist oberster Vollstrecker.
An seiner Stelle zu töten ist wie das Führen der Axt
anstelle des Zimmermanns.
Wer die Axt führt anstelle des Zimmermanns,
bleibt selten unverletzt.

*

Siehst du einen Weisen,
so strebe danach, es ihm gleichzutun.
Siehst du einen Toren,
gehe in dich und prüfe dich selbst.

*

Vorsicht ist keine Feigheit
und Leichtsinn ist kein Mut.

*

Das Volk hungert,
weil die Oberen prassen.
Darum hungert das Volk.
Das Volk ist ungehorsam,
weil die Oberen Gehorsam erpressen.
Darum ist das Volk ungehorsam.
Das Volk achtet das Leben gering,
weil die Oberen nach dem Leben gieren.
Darum achtet das Volk das Leben gering.
Wer nicht an seinem Leben hängt,
ist würdiger als jener,
der nach seinem Leben giert.

*

Aber Gott hat für dich einen Plan! Jeder hat hier einen Job auf Erden zu machen, eine Aufgabe – sonst wären wir alle nicht hier. Und genau deshalb wirst du auch das Wort des Herrn verstehen! Aber Er schreit dich nicht an. Horche auf dein Gewissen, werde still und lausche. Die größten Momente unseres Lebens sind nicht unsere lautesten, sondern unsere stillsten Augenblicke. Gott fügt die Dinge zu deinem Besten auf eine Art, die du oft nicht erwartet hättest – oder die du nicht erkannt hättest. Aber im Rückblick war es dann doch alles gut – für irgendwas.
»So soll euer Licht vor den Menschen leuchten, damit sie eure guten Werke sehen und euren Vater im Himmel preisen!«

*

Hass erzeugt Gegenhass!
Liebe erzeugt Gegenliebe!
Liebe ist kosmische Energie,
die wir austauschen.
Warum ist es so schwer,
Liebe gegenüber allem und jedem zu zeigen?
Unser Stolz ist der Grund!
Es kann keinen Hass geben,
wenn wir unseren Stolz besiegen.

*

Der Mensch tritt ins Leben weich und zart;
im Tode ist er hart und starr.
Alle Wesen treten ins Leben weich und zart;
im Tode sind sie trocken und hart.
Darum ist das Harte und Starre
Zeichen des Todes,
das Weiche und Schwache
Zeichen des Lebens.

*

Was bedeutet überhaupt »Fasten«?
Was einem als Erstes zum Thema in den Kopf kommt, ist der mehr oder minder schwierige Verzicht auf Nahrungsmittel, um Kilos zu verlieren … Fasten geht aber noch viel, viel weiter …
Fasten sollte man als eine Art der Lebenseinstellung begreifen. Eine Lebenseinstellung, die sich dann logischerweise nicht nur an der kirchlich empfohlenen, einmal jährlich stattfindenden 40-tägigen rituellen Fastenzeit orientieren kann. Fasten geht tiefer. Fasten kann – und sollte – im Idealfall der Verzicht auf alles Überflüssige sein. Nach dem Motto: Was brauche ich wirklich?
Alles wovon wir »abhängig« sind – oder zu sein meinen –, versklavt uns. Macht uns zu Götzendienern und entfernt uns von Gott. Gerade im materiellen Bereich. Fasten befreit Körper und Geist.

So bleibt die Kernfrage: Was brauche ich wirklich? Muss ich immer und überall erreichbar sein? Ich bin immer und überall erreichbar für Gott, dafür brauche ich kein Handy. Mit einem Mercedes XYZ mit allem Komfort stehst du genauso im Stau wie jeder andere. Wenn du mit deiner 350.000-Euro-Jacht im Hafen einläufst, guckst du auch noch an einer Bordwand hoch. Wofür sechs Küchenmesser?

Ich nehme an, du verfügst, genau wie ich, auch nur über maximal zwei Hände. es gibt kein Ende! Und wenn der Teufel dich so weit konditioniert hat, dass du Überstunden kloppst ohne Ende, um Geld, Macht, Ansehen und materiellen Wohlstand zu erlangen, hat er es geschafft! Dann hat Satan deine Seele gekauft.

Gehe einmal mit offenen Augen durch dein Anwesen.

Was ist der ganze Kram wirklich wert?

Wenn du Reklame durchblätterst und feststellst, dass du nichts brauchst – herzlichen Glückwunsch! Ich sprach irgendwann von Inventur in dir. Mache auch Inventur in deinem Heim und miste aus. Gib den Sozialkaufhäusern, was über ist. Hau in die Tonne, was dich vollmüllt.

Du wirst sehen, wie leicht und befreit du dich danach fühlst.

*

Der Weg des Himmels ist wie das Spannen des
Bogens:
Das Obere wird heruntergezogen,
das Untere wird emporgehoben.
Das Gebogene wird gestreckt,
das Gestreckte wird gebogen.
Des Himmels Weg ist,
die Fülle zu mindern, die Leere zu füllen.
Der Menschen Weg ist jedoch,
denen zu nehmen, die zu wenig haben,
und denen zu geben, die zu viel haben.
Wer vermag es, genug zu haben
und allen zu geben?

*

Seine Jünger sprachen zu ihm: »Meister, wann wird die Ruhe der Toten eintreten, wann wird die neue Welt kommen?«
Er sprach zu ihnen: »Was ihr erwartet, ist längst gekommen, aber ihr erkennt es nicht!«

*

Verstehe doch,
dass der Weg, der abwärts geht,
nach oben führt,
dass ich erhöht werde,
wenn ich am Boden liege,
dass ein zerbrochenes Herz
ein geheiltes Herz ist,
dass ein bußfertiger Geist
ein jubelnder Geist ist,
dass eine bußfertige Seele
eine siegreiche Seele ist,
dass, wenn ich nichts habe,
ich alles besitze,
dass, wenn ich mein Kreuz aufnehme,
ich eine Krone trage,
dass geben erhalten bedeutet,
dass das Tal der Ort des Schauens ist.
Herr, am helllichten Tag
können aus tiefsten Schächten heraus
die Sterne gesehen werden,
und je tiefer die Grube ist,
umso leuchtender sind die Sterne.
Lass mich Dein Licht in meiner Dunkelheit
entdecken,
Dein Leben in meinem Tod,
Deine Freude in meinen Sorgen,
Deine Sorge in meinen Sünden,
Deinen Reichtum in meiner Armut,
Deine Herrlichkeit in meinem Tal.

*

Ich bat Gott um Weisheit,
und Er gab mir Probleme zu lösen.
Ich bat Gott um Stärke,
und Er gab mir Schwierigkeiten,
um mich stark zu machen.
Ich bat Gott um Mut, und Er gab mir Gefahren, um
sie zu bewältigen.
Ich bat Gott um Liebe, und Gott gab mir schwierige
Leute, um ihnen zu helfen.
Ich bat Gott um Gunst, und Gott gab mir
Gelegenheit, mich im Alltag zu bewähren.
Ich bat Gott um Geduld, und Gott ließ im Alltag
eigensinnige Menschen in mein Leben treten.
Ich bat Gott um Demut, und Er schickte mir
Demütigungen, um mich von meinem Egoismus zu
lösen.
Ich bekam nicht alles, was ich wollte,
doch aber alles, was ich brauchte.
Ich lerne in und durch alles, was mir widerfuhr,
dass ich dem allwissenden Gott keine Pläne mehr
beilegen muss.
Meine Gebete sind erhört worden!

*

Wie Gift, das sich im Körper verteilt,
sobald es im Blute kreist,
so durchdringt die Kraft des Üblen den Geist,
wenn sie einen Spalt zum Eindringen findet.

*

Herr, ich bin nicht würdig, dass Du eingehst unter
mein Dach –
aber sprich nur ein Wort,
so wird meine Seele gesund!

*

Wie wundersam die Welt im Mondlicht dämmert!
Kommt doch heraus und seht es euch an –
zum Schlafen ist am Tage noch Zeit!

*

Es hat keinen Wert, über die Dinge zu reden, wenn
man nicht beabsichtigt,
den Reden Taten folgen zu lassen.

*

Das Weiche überwindet das Harte,
das Schwache überwindet das Starke.
Obwohl jeder es weiß,
handelt keiner danach.
Darum sagt der Weise:
Wer das Unheil auf sich nimmt,
vermag das Land zu regieren.
Wer das Unglück auf sich nimmt,
vermag die Welt zu regieren.
Oft klingt die Wahrheit widersinnig.

*

Es brennt überall ... Du kannst die Welt nicht retten – aber viele können es. Das wusste auch Jesus. Sei stets ein Vorbild im Glauben, bete für mehr »Arbeiter im Weinberg«. Schäme dich niemals deines Glaubens! »Wenn man euch in einer Stadt nicht hören will, schüttelt den Staub aus euren Kleidern und geht weiter!« Ja, dränge dich nicht auf, du musst niemanden überzeugen, wenn du das lebst, worüber du sprichst. Wenn man dich fragt, weshalb du unentgeltlich hilfst, sprich über deine echten Beweggründe. Denn: Du kannst nicht anders, weil du Christ bist.
Solange du aus Barmherzigkeit und wahrer Nächstenliebe redest und handelst, wirst du glaubhaft und überzeugend sprechen.
Mache dir keine Sorgen!
Der Herr sagt: »Wer das Leben gewinnen will, wird es verlieren; wer aber das Leben um meinetwillen verliert, wird es gewinnen.«
Durch christliches Leben kommst du zum echten Leben, aber um echtes Leben zu erhalten, musst du dein altes Leben aufgeben. Mache dich frei von Götzendienst, Materialismus, Gewinnsucht, Falschheit. Erneuere dein Taufgelöbnis und du wirst lebendiges Wasser erhalten.

*

Nach großem Streit bleibt kleiner Streit.
Wie das ändern?
Der Weise hält sich daher an seine Seite des
Vertrags und erzwingt nicht die andere.
Wer die rechte Tugend hat, erfüllt seine Pflichten
und vergisst die Schuld.
Wem die rechte Tugend fehlt,
fordert ein und pocht auf Schuld.
Aber der Weg des Himmels ist gerecht;
er wirkt durch den guten Menschen.

*

Höre auf die Worte eines Menschen,
und schaue ihm in die Augen.
Wie könnte er seinen wahren Charakter
verbergen?

*

Warum wascht Ihr nur
das Äußere des Bechers?
Versteht Ihr nicht, dass der,
der das Äußere gemacht hat,
auch das Innere gemacht hat?

*

Der Garten Eden ist immer beim Nachbarn …

*

Sei tot, während du lebst, völlig erstorben,
und handele, wie du willst, und alles ist gut.

*

Barmherzigkeit will ich, keine Opfer! Wir sollen und
müssen vorleben – ja. ABER: Tue es aus Glauben
heraus, aus der Verpflichtung, es tun zu müssen!
Nichts ist schlimmer als geheuchelte Nächstenliebe!
Daher prüfe genau deine Beweggründe!
Nicht, dass du handelst wie ein zukünftiger
Bürgermeister einer Stadt, der viel Geld aus seinem
Privatvermögen der Lebenshilfe spendete, um
gewählt zu werden …

*

Klein sei das Reich, wenige das Volk,
die Güter reich, der Verbrauch gering,
das Leben wertvoll, die Reisen kurz,
Boote und Wagen werden nicht gebraucht,
Rüstung und Waffen werden nicht verwendet,
Schnüre geknotet statt geschnitten.
Die Speisen schmackhaft, die Kleidung passend, die
Wohnung friedlich, die Gebräuche freudig.
Die Nachbarn in der Nähe,
dass Hunde und Hähne zwar zu hören sind, aber
ohne Besuch –
um in Frieden das Leben zu beschließen.

*

Wenn du wüsstest, wie weh es tut,
den Liebsten zu lassen – oh, Tempelglocke,
dann würdest du eine falsche Stunde
und nicht die richtige künden!

*

Es gibt weder Schuld noch Glück,
weder Gewinn noch Verlust.
Im Frieden der vollkommenen Vollendung
suchen wir nach Nichts.

*

Du sollst nicht töten!
Oh nein, lasst uns töten – ja jeden Tag wieder!
Nichts wäre unchristlicher, als nicht zu töten.
Wir können nicht leben, ohne zu töten-
selbst der Salat muss dran glauben …
Es muss heißen: »Du sollst nicht morden!«
Siehst du? Schon sieht alles ganz anders aus.
Was ist der Unterschied zwischen Töten und Morden?
Morden heißt: Umbringen aus niederen
Beweggründen. Morden heißt: Töten um des
Tötens willen. Töten nur aus Hass, Verachtung, und
Gesinnung.
Töten bedeutet, das Leben zu nehmen, um selber
wohlgenährt zu sein, weil ich den Körper des
Getöteten zum Überleben brauche.

*

Sich selbst loben, andere herabsetzen,
Gespräche über weltliche Vergnügen ...
Der Narr lernt nur Unheilvolles von Narren!
Wenn zwei zusammenkommen,
bedeutet es doppeltes Übel.

*

Er spricht: »Siehe, ich will ein Neues schaffen,
jetzt wächst es auf, erkennt ihr es nicht?«

*

Nebelwolken dampfen um den Mond.
Unaufhörlich sinken Kirschblüten über mich.
Aber ich kann sie nicht sehen.

*

Haarspalterei zersetzt den Charakter eines
Menschen.
Ein Mensch, der in kleinen Dingen nicht großzügig
sein kann,
dem kann man keine großen Aufgaben
anvertrauen.

*

Barmherzigkeit entsteht aus wahrer Nächstenliebe.
Hilf anderen, und du wirst es tausendfach
zurückbekommen! Noch in diesem Leben wirst du
spüren, dass es das einzig Wahre ist, was du mit
deiner Zeit anfangen kannst.
Wahrer Gottesdienst ist Dienst am Menschen.
Stelle dich zur Verfügung, besuche Alte, Kranke,
Sterbende. Speise Hungrige, Durstige, kleide
Nackte! Ja, besuche auch die Sünder.
Mache es persönlich – nicht nur mit deinem Geld.
Das vermittelt die Illusion, sich freikaufen zu
können. Wirst du nicht auch einmal dankbar sein,
dass dich jemand besucht – auch wenn du es nicht
mehr zeigen kannst?

*

Es brennt überall, verheize dich nicht. Auch du
wirst die Welt nicht retten können! »Liebe deinen
Nächsten wie dich selbst« bedeutet auch, auf sich
zu achten! Wenn du nicht mehr kannst, kannst du
auch nicht mehr helfen.

*

Der Gute streitet nicht,
der Streitende ist nicht gut.
Der Wissende ist nicht gelehrt,
der Gelehrte unwissend.
Der Weise sammelt keine Schätze.
Je mehr er für andere wirkt,
umso mehr gewinnt er selbst.
Je mehr er den anderen gibt,
umso größer ist sein Reichtum.
Der Weg des Himmels ist Nutzen ohne Schaden.
Der Weg des Weisen ist Wirken ohne Mühe.

*

Der edle Mensch ist klein in kleinen Dingen
und groß in großen Dingen.
Der Gemeine ist groß in kleinen Dingen
und klein in großen Dingen.

*

Hast du schon einmal selber getötet? Man verspürt Mitleid mit dem Tier. Aber es muss sein. Durch das eigenhändige Töten von Tieren und Pflanzen – womöglich selber aufgezogene – bekommt man ein intensives Verhältnis zur daraus entstehenden Speise. Einen halben Burger werfen satte Menschen leicht weg. Aber eine Gans, die ich selber aufgezogen habe, ja die Tomate aus dem eigenen Garten hat einen ganz anderen Wert. Stelle dir vor Augen, dass auch der Fertig-Burger einst ein Tier war!

*

Warum stürmen die Wildgänse so sausend dahin auf ihrem Rückflug?
Ach, wissen sie denn nicht, dass die Berge der Heimat sie längst vergessen haben?

*

Du sollst nicht schwören!
Warum auch, wenn ich die Wahrheit sage. Als Christ sagen wir die Wahrheit! Da brauche ich nichts mit einem Schwur zu bekräftigen. Aus! In amerikanischen Filmen vor Gericht wird oft verlangt, auf die Bibel zu schwören. Entschuldigen Sie, Euer Ehren – wissen Sie eigentlich, was da drinsteht in dem Buch??? Das ist amerikanisches Scheinchristentum pur! Unser Ja ist ein Ja – und unser Nein ist ein Nein! Sollte es nicht so sein, hole dir Hilfe! Das meine ich ernst. Gib dem Teufel keine Chance!

*

Hass erzeugt Kraft – aus unserem Stolz geboren – und zehrt uns auf.
Liebe erzeugt Kraft – aus unserer Zuneigung geboren – und baut uns auf.
Hass ist schnell, stark, zerstörend.
Liebe ist langsam, aufbauend, übermächtig am Ende – sie bleibt letztlich der Sieger.
Begegnet euren Feinden mit Liebe – auch wenn Einzelne sterben, sterben sie nicht.
Hass kann nur im Anfang die Liebe zerstören.

*

Duftende Frühlingsblüten

Die Erde formte sich aus Sternenstaub, der aus
kosmischer Energie entstand.
Folglich sind auch wir Teil dieser kosmischen Kraft,
und alles, was ist, ist kosmische Kraft.
Während wir entstehen, nährt uns unsere Mutter
in ihrem Leib.
Durch unsere Ausscheidungen düngen wir das Feld
schon zu Lebzeiten.
Nach unserem Tod düngen wir es mit unserem
Körper oder unserer Asche.
Das ist der Kreislauf des Lebens.
So ernähren wir kommende Generationen.
Um zu leben, müssen wir töten, und wenn es »nur«
Pflanzen sind.
So verneigt euch vor eurer Speise und dankt dem
Kosmos. Denn diese Energie ist in uns und um
uns, und wir sind Teil von allem –
denn Energie vergeht nicht!

*

Vom Vergelten …

Was könnte schwerer sein, als jemandem nach einem Schlag auf die Wange die andere auch hinzuhalten? Was könnte schwerer sein, als jemandem, der einen zwingt, mit ihm eine Meile zu gehen, zwei zu gehen? Und doch, dort ist der Schlüssel verborgen. Den Kreislauf der Gewalt durch Gewaltlosigkeit zu durchbrechen. Warum kämpfen wir für Dinge? Irgendetwas erscheint uns zu einem Zeitpunkt als überaus wichtig. Irgendwas sagt uns: »Es lohnt sich, darum zu kämpfen!« Was ist wirklich wichtig? Denke an deine Kindheit, dein Spielzeug, deine Fantasien. Du wolltest verteidigen – und hast es mit mehr oder weniger Erfolg auch getan. Aber was ist mit diesen kindlichen Zielen/Werten heute? Lohnte es sich, dafür zu kämpfen? Oder kannst du loslassen und im Jetzt leben? Werden unsere Kinder und Kindeskinder unsere Ziele verfolgen wollen? Was ist wirklich wichtig? Genau! Die Frage lautet: Was ist wirklich wichtig? Etwa der Reichste auf dem Friedhof zu sein? Am Ende steht wie immer Gottvertrauen – Loslassen – Überlassen. Herr, nicht mein Wille geschehe, sondern Deiner.
Was ist wirklich wichtig? Beantworte dir die Frage selbst. Und sollte etwas Weltliches, Materielles dabei herauskommen, hat der Teufel dich bereits in der Hand. Lasst uns das Evangelium verkünden, zur Not auch mit Worten! Lasst uns unser Leben ganz und gar in Gottes Hand geben.

*

Wer seinen Mund schließt und sich von
Sinneseindrücken frei macht,
der kommt sein Leben lang nicht in Gefahr.

*

Negative Handlungen des Körpers:
Morden, Stehlen, sexuelles Fehlverhalten.
Negative Handlungen der Sprache:
Lüge, Verleumdung, verletzende Worte, leeres
Gerede.
Negative Handlungen des Geistes:
Habgier, Böswilligkeit, falsche Anschauung.

*

»Liebet eure Feinde!« Mit dem Zusatz: »Und betet für eure Feinde!«
Verblendet – wir alle sind verblendet! Nicht nur unsere Feinde. Vielleicht wären wir unter anderen Umständen dicke Freunde geworden. Es gibt ein indianisches Sprichwort, das sinngemäß so lautet: »Gott, bewahre mich davor, jemanden zu beurteilen, bevor ich nicht 1000 Schritte in seinen Mokassins gelaufen bin!«
Wir werden von der Politik und der Meinungsmache der Medien systematisch instrumentalisiert!
Mache dich frei! Habe keine Angst, für Frieden und Menschlichkeit aufzustehen!
Ja, du wirst um Jesu Willen verfolgt werden! Mache dir keine Illusionen, und wenn du meinst, wir leben in einer Zeit und einem Land der Meinungsfreiheit, so sei dir gewiss, es wird härter werden für Christen auch hier bei uns!
Der Verfall des Rechtsstaates, der Moral und der Werte ist noch lange nicht zu Ende. Ich sehe den Kollaps des globalen Systems als unausweichlich noch in unserer Generation, ja sehr bald! Viele werden im Namen Jesu wieder leiden und sterben. ABER Jesus sagt auch: »Euer Lohn wird groß sein im Himmel!« Denn wer bis zuletzt aushält, wird gerettet werden.
Jesus wird wiederkommen, sei wachsam, sei immer vorbereitet, beobachte täglich die Zeichen der Endzeit, wie es bei Daniel und in der Offenbarung steht, sei ehrlich und bete! Bete ohne Unterlass! Betet auch für die, die euch verachten und verlachen!

*

Sich selbst strenger beurteilen als andere
ist ein sicherer Weg, Klagen vorzubeugen.

*

Die Ginsterblätter beginnen zu gilben.
Nun kommt die Zeit, in der es süß ist,
nicht allein zu schlafen.

*

Mit Geld kannst du ein Haus kaufen,
aber kein Zuhause.
Mit Geld kannst du eine Uhr kaufen,
aber keine Zeit.
Mit Geld kannst du ein Bett kaufen,
aber keinen Schlaf.
Mit Geld kannst du ein Buch kaufen,
aber kein Wissen.
Mit Geld kannst du einen Arzt kaufen,
aber keine Gesundheit.
Mit Geld kannst du eine Position kaufen,
aber keinen Respekt.
Mit Geld kannst du Blut kaufen,
aber kein Leben.
Mit Geld kannst du Sex kaufen,
aber keine Liebe.

*

Wer die Regeln des Weges nicht einhalten will,
achte sorgsam auf seinen Geist.
Denn Disziplin zu bewahren ist unmöglich,
wenn der zu Abschweifungen neigende Geist
nicht im Zaum gehalten wird!

*

Gelingen kann zu Misserfolg
und Misserfolg zu Gelingen führen.

*

Freudentränen

Beten

Bete ohne Unterlass! Versuche eine »Standleitung« zu Gott, zu Jesus zu bekommen! So stellt sich ein Gefühl des »Nicht-tiefer-fallen-Könnens-als-in-Gottes-Hand« ein!

Beten verdrängt Satan und macht Platz für den Heiligen Geist, macht Platz für Jesus! Du wirst Gottvertrauen bis in den Tod entwickeln. Du wirst Kraft und Mut haben, für und im Namen Jesu zu sprechen, du wirst zu dem, was Gott ursprünglich als dein Ich vorgesehen hat!

Bete um dein Heil, aber nimm auch dein Schicksal an, es gehört zu Gottes Plan für dich! Und hüte dich vor scheinheiligen, frömmelnden, unterwürfigen Gesten in der Öffentlichkeit, wenn du es nicht auch genauso empfindest! Gott ist jede Heuchelei ein Gräuel, denn er sieht als Einziger in die Tiefen deines Herzens. Du kannst Ihn nicht täuschen!

Bittet, so wird euch gegeben! Klopfet an, so wird euch aufgetan! Nicht dass unser Vater nicht wüsste, was du brauchst! Aber er will sehen, ob du Ihm das absolute Vertrauen entgegenbringen kannst, unsere Bedürfnisse – ich sage bewusst nicht Wünsche! – zu befriedigen. Vertraue auf Gott ohne Wenn und Aber!

*

Alles ist so, wie es im Augenblick ist, in Ordnung!
Ich gebe dem Geschehen dieses Augenblickes
einfach meine Zustimmung und gewinne
dadurch schlagartig – wie durch Zauberhand
– eine grandiose Freiheit, eine nie gekannte
Zufriedenheit.

*

Wenn du merkst, dass du nicht danken kannst,
dass du nicht Fehler zugeben kannst, dass du stolz,
egoistisch, und uneinsichtig bist, dann ist der Teufel
schon am Werk. Nimm dir einen Augenblick Zeit
und stelle dir vor, du sitzt auf einer Gartenbank,
bist alt am Ende deines Lebens und blickst zurück
… Dann frage dich: War es damals notwendig?
Bereue ich es, so getan zu haben? Mir läuft die Zeit
weg. Kann ich noch etwas ändern? Oder ist alles
gut, so wie es ist, und ich kann beruhigt und ruhig
vor meinen Schöpfer treten? War es das wirklich
wert??

*

Jesus hat es gewusst, Buddha hat es gewusst.
Aber bedenke: Religionen sind nur das Beiwerk
– das Gewand, in das sie die Wahrheit eingehüllt
haben, um sie uns Durchschnittsmenschen
näherbringen zu können.

*

Alle Menschen gehen verschlafen umher.
Der Herbstmond stand vergangene Nacht so klar
und schön am Himmel ...

*

Oft sehen die Dinge so aus, als sei alles verkehrt –
und doch hat man Gelingen.
Oft sehen die Dinge so aus, als sei alles in Ordnung
– doch man hat Misserfolg.

*

Bete immer und überall. Danke, klage, wünsche dir, was dich bewegt, aber bleibe immer im Kontakt mit Gott! Das verbindet, das schafft Vertrauen. Nicht nur im Gottesdienst oder zu rituellen Zeiten wie beim Tischgebet, nicht nur wenn es dir schlecht geht! Nein, bete ohne Unterlass! Solange es wahrhaft und gottgewollt ist, wirst du erhalten, worum du bittest – oft anders, als du es dachtest, aber wenn es zum Erreichen deines vorherbestimmten Lebenszieles nötig ist, wirst du es erhalten!
Jedes Haus braucht ein gutes Fundament. Beten ist das Fundament des Glaubens. Beten stärkt den Glauben, und Glauben versetzt Berge! Lies in der Bibel. Du entdeckst immer wieder etwas Neues. Bibellesen schafft Erkenntnis. Erkenntnis tut gut und führt dich wieder zum Bibellesen. Das ist ein Kreislauf, und so erzieht Gott dich zu einem besseren Menschen! Du musst es nur wollen!

Der Glaube muss zur Gewissheit werden. Zu einem Wissen um Gott. Dann kann passieren, was passieren soll. Auch wenn du dabei ums Leben kommst – du wirst nie tiefer fallen können als in Gottes Hand.

Tod, wo ist dein Stachel?

Wenn du da angekommen bist, dann wirst du verstehen, was Jesus meinte, als er sagte: »Wer mir nachfolgen will, nehme sein Kreuz auf sich und folge mir nach!« Mache Inventur in dir, setze die Maske vor dir selber ab. Akzeptiere dein Leben und dann geh! Ohne Rücksicht. Lasse die Toten ihre Toten begraben! Es wird nicht leicht sein – der Herr hat nie einen Hehl daraus gemacht. »Ich bin nicht gekommen, um Frieden zu bringen, sondern das Schwert.« Du wirst verlacht, beschimpft – weil du die Wahrheit sagst. Niemand der Toten hört gerne die Wahrheit, deine Familie wendet sich ab. Wer bis zum Ende durchhält, der wird groß genannt werden im Reich der Himmel. Was kann es Erfüllenderes geben!

*

Die unfassbare und unbeschreibliche, unerklärliche Vollkommenheit der Wahrheit entsteht nicht, vergeht nicht, gleicht dem Himmelsraum.
Nur die selbst erhellende Weisheit kann sie erkennen.

*

Du verurteilst schon wieder! Jeder verdient eine zweite Chance! Da fällt mir ein weiterer Spruch des Herrn ein: »Nicht siebenmal, sieben mal siebzig mal sollst du vergeben!« Das heißt immer und immer wieder! Ich sagte bereits, dass meistens das Umfeld schuld hat, wenn Menschen sich nicht recht verhalten. Dann hilf ihnen! Liebe deinen Nächsten wie dich selbst! Aber urteile nicht. Es gibt einen Grund, weshalb sie sind, wie sie sind. Nicht die Gesunden brauchen den Arzt, sondern die Kranken! Und so unvollkommen wir auch immer sein werden, ein schlechter Arzt ist besser als keiner.

*

Wundervolle laue Sommernacht!
Der Mond fliegt von einer Wolke zur anderen.

*

So grundlegend die geistige Wandlung, die der
Schüler durch Satori erfährt, auch sein mag,
der ganze Mensch ist zunächst noch nicht mit
einbezogen.
Er ist geistig frei, aber noch weit davon entfernt, in
jenem umfassenden Sinne frei zu sein, der es ihm
ermöglicht, aus der Wahrheit und nur aus ihr zu
leben.
Er bewegt sich nur in ihre Richtung.
Und deshalb muss der Zazen Übende immer weiter
üben – über die Meisterschaft hinaus.

*

Wenn dich jemand fragen sollte, worin sich die
Seele unseres Inselreiches offenbart, so sage
ihm: »Im Hauch der Kirschblüten zur Stunde des
Sonnenaufganges!«

*

So kommt es darauf an, dass man schon dem
kleinsten Anflug nervöser Ungeduld, Unmut und
Ärger begegnet, nicht so, dass man sie energisch
unterdrückt, sondern so, dass man sie verlernt.

*

Fasten

Fasten – ich bin fett, ich muss abnehmen. Das könnte Jesus auch gemeint haben, sicher. Der Körper ist der Tempel des Heiligen Geistes, wie Paulus schon feststellte. Daher haben wir ihn zu pflegen und zu erhalten.
Aber hier ist etwas anderes gemeint: Schränkt euch ein! Wie schon angeführt wurde, was ist wirklich wichtig? Macht euch frei vom Konsumzwang, von der Beeinflussung durch die Medien!
Von der Tyrannei des »Haben-Wollens«!
Du bist ein Sklave des Geldes!
»Ihr könnt nicht Gott und dem Mammon gleichzeitig dienen. Ihr könnt nicht zwei Herren dienen!«
Schafft euch keine Reichtümer hier auf Erden, wo sie von Motten zerfressen und von Dieben gestohlen werden! Schafft euch Schätze im Himmel! Wie viel ist genug? Was brauche ich, um glücklich zu sein?
Durch Fasten, durch Verzicht auf … findest du zurück zu deiner Mitte. Und dort wartet Gott auf dich! Aber es ist immer deine Entscheidung, dich in Freiheit für oder gegen Ihn zu entscheiden. Nur ist kein Extrem gewollt. Versuche, zufrieden zu sein. Wünsche führen zu noch mehr Wünschen, und so entläufst du der Ruhe, flüchtest vor dem wahren Leben und entfernst dich von dir selbst und Gott.
Aber es ist immer deine Entscheidung, dich in Freiheit für oder gegen Ihn zu entscheiden.
Wenn du Bescheidenheit übst und lernst, wirst du gelassen – und plötzlich verstehst du, was Jesus

wirklich meinte, als er über die alltäglichen Sorgen sprach.
Sorge dich nicht, lebe! Du bist hier, weil Gott einen Plan hat für dich! Also sei endlich das, was Er wollte, dass du bist!
Alles, was du wirklich brauchst, wird dir gegeben werden, sagte Jesus. Warum fällt es uns so schwer, diesen Worten zu glauben? Es mutet fast schon wie ein Partyspiel an – wenn es nicht so ernst wäre!
Wer schafft es, sich vertrauensvoll nach hinten fallen zu lassen, in der festen Gewissheit, nicht nur in der Hoffnung, dass er aufgefangen wird? Wer von euch??
Aber genau das ist es, was Jesus von uns erwartet: uns fallen zu lassen, alle Pseudosicherheiten, die unser zerbrechliches Erdenleben uns so zu bieten hat, loszulassen und einzig auf Gott zu vertrauen. Jesus selbst hat es doch vorgelebt – tun wir es ihm endlich nach! Es ist nicht wichtig, ob er über das Wasser gehen konnte oder ob er wusste, wo die Steine liegen. Schaue darauf, wie er lebte!
Darum geht es – nur darum! Und schon sind wir wieder bei den ersten zwei Geboten. Was Ihr dem geringsten meiner Brüder getan habt, das habt ihr mir getan! Liebet einander, wie ich euch geliebt habe! Alles andere wird euch gegeben werden!
Daher konnte Jesus auch sagen: »Wenn ihr das Evangelium verkündet, nehmt keinen Geldbeutel, kein zweites Hemd mit!« Nicht nur, weil man unglaubwürdig ist, wenn man protzig auftritt (wie es heute gang und gäbe in verschiedenen Konfessionen der christlichen Kirche geworden ist),

sondern auch weil er wusste: Wer ehrlich und aus
Überzeugung im Namen des Herrn unterwegs ist,
der wird von Gott nicht vergessen werden!

*

Jede ehrliche – noch so geringe – Arbeit ist eine
guto Arbeit,
sofern man sie gewissenhaft erledigt.

*

Man soll das Leben genießen – so will es Gott –,
aber darf dabei nicht vergessen, dass man
irgendwann für alle seine Taten zur Rechenschaft
gezogen wird! Spätestens wenn wir vor Gott
treten …
Reiß dich zusammen! Lass dich nicht gehen, seit
ehrlich, treu und gottgefällig!

*

Das erhabene schöpferische Prinzip wirkt durch
Wandlung.
Bringen wir unser Leben dadurch in Ordnung,
dass wir es mit der universellen Harmonie in
Einklang bringen,
dann werden Festigkeit und Beharrlichkeit auf dem
rechten Weg reich belohnt.

*

Angesichts der erkannten Wirklichkeit erledigt er seine Arbeit gewissenhaft und pünktlich.
Was er anfängt, bringt er zu Ende, und entwickelt erstaunliche Energie und Ausdauer.
Was er sich vornimmt, soll erledigt werden, und er richtet sich dabei nicht nach der Uhr.

*

Zu reden, wenn man nicht gefragt wird, nennt man Geschwätzigkeit.

*

Der edle Mensch lockt nicht mit Belohnungen und inspiriert doch die Menschen zum rechten Leben.
Der edle Mensch zeigt keinen Zorn, und doch fürchten die Menschen ihn mehr als alle Messer und Streitäxte.

*

Verurteilen, beurteilen, richten …

*

Wer gibt dir das Recht, deinen Nächsten zu verurteilen? Wer? Weshalb tratschst du – machst du die Leute um dich herum schlecht, als ob du selber ohne Fehler wärst?
Was bringt es dir, über andere zu reden? Willst du dich besserstellen? Dann tue es durch Taten! Oder ist dein Leben so langweilig, dass du nichts Besseres zu tun hast, als andere zu kritisieren?
Eines Tages wird auch dein – unser aller – Leben hier auf Erden zu Ende gehen, und dann werden wir vor unseren Schöpfer treten und Rechenschaft ablegen für unsere Taten. Und nur Gott hat das Recht zu urteilen! Jede Sünde des Menschen ist der Versuch – bewusst oder unbewusst –, uns mit Gott gleichzusetzen. Willst du etwa sagen, du bist gottgleich??? Ist das wirklich deine Überzeugung??
Ich vergleiche das Leben und Geschehen hier auf Erden mit einem komplizierten Uhrwerk. Jeder ist ein Rädchen in dieser Mechanik. Gott hat jeden mit seiner Aufgabe an seinen Platz gesetzt. Jeder hat eine Funktion, niemand ist über, nirgends fehlt etwas, um den Plan oder die Aufgabe zu erfüllen. Maßt du dir an, diesen Schöpfungsplan zu kennen??
Wenn wir bei Gott sind eines Tages und evtl. auf dieses »Uhrwerk« herabblicken können – wenn es dann für uns überhaupt noch von Bedeutung ist –, werden wir erkennen, warum alles, wirklich alles so war und ist, wie es ist.
Habt einfach Nachsicht mit der Unvollkommenheit der anderen, denn auch ihr seid unvollkommen. Deshalb ist es auch logisch, dass Jesus jetzt auf die

»Goldene Regel« zu sprechen kommt: »Was ihr nicht wollt, das man Euch tu, das fügt auch keinem anderen zu!«

*

In Wahrheit sind wir alle aus dem, aus dem alles besteht. Sind im Kleinsten Sternenstaub und Energie – Reisende auf dem Weg durch den Kosmos; durch Sonnensysteme, Galaxien und Strudel der Unendlichkeit. Das Leben an sich ist ewig. Aber die physischen Ausdrucksformen des Lebens sind unbeständig und vorübergehend.

*

Der Weise fügt anderen keinen Schaden zu, aber er rühmt sich auch nicht seiner Güte und Großzügigkeit.
Er läuft nicht herum, um Gewinne zu machen, und verachtet auch den Lastenträger nicht.
Er müht sich nicht ab um Güter und materiellen Reichtum,
doch er spielt sich nicht auf mit seinem Verzicht.
Er bemüht andere nicht, seine Arbeit zu tun, doch er rühmt sich auch seiner Unabhängigkeit nicht.

*

Liebe deinen Nächsten wie dich selbst!
Viele Philosophen, Religionsstifter und weise Menschen haben das in dieser oder ähnlicher Form immer wieder gesagt. DANN TUE ES ENDLICH! WIR SIND CHRISTEN! WENN NICHT WIR, WER DANN? Das ist der Kern unserer Lehre! Was kann »Liebe deinen Nächsten wie dich selbst« sonst bedeuten?!
Fangt endlich an – und zwar über alle Grenzen hinweg! Wir sind nur durch Vorleben authentisch/glaubhaft!!
Alles andere sind falsche Propheten! Ja, an ihren Werken werdet ihr sie erkennen! Und auch du machst dich zu einem solchen, wenn du nur predigst, aber in deinem Leben nicht zu sehen ist. Als Christen sind wir – so unvollkommen wir auch sind – Vorbilder. Nachahmer des Lebens Christi!

*

Der antarktische Tag starb, und die eisige klare Nacht wurde geboren – allerdings in großem Frieden. Hier traten die lautlosen und harmonischen Kräfte des Kosmos zutage.
Harmonie – das war es! Das war es, was aus der Stille entstand – ein sanfter Rhythmus, der Klang eines perfekten Akkords, die Musik der Sphäre vielleicht.
Es reichte schon, diesen Rhythmus in sich aufzunehmen, nur für einen Moment sich Teil von ihm zu wissen.
Dieser Rhythmus, zu geordnet und zu perfekt, um ein reines Produkt des Zufalls zu sein. Deshalb musste ein Zweck in dem Ganzen liegen und der Mensch Teil dieses Ganzen sein. Er konnte kein zufällig entstandenes Nebenprodukt der Natur sein. Diese Empfindung ließ sich nicht mit dem Verstand erklären; es war ein Gefühl, das bis in die Tiefen der menschlichen Verzweiflung vordrang und sie für grundlos befand.
Das Universum ist nicht Chaos, sondern Kosmos, und der Mensch ist ein ebenso rechtmäßiger Teil dieses Kosmos wie Tag und Nacht – das erkannte ich jetzt.

*

Unsere körperliche Existenz ist so flüchtig wie Herbstwolken. Geburt und Tod mit anzusehen ist, wie einem endlosen Tanz zuzuschauen. Familien entstehen und werden auseinandergerissen. Ein ganzes Leben geht vorbei wie ein Blitz am Himmel – schießt dahin wie ein Gebirgsbach durch die tiefe Schlucht.

Wir haben einen Moment verweilt, um einander zu begegnen, einander kennenzulernen, zu lieben und zu teilen. Es ist ein kostbarer Augenblick, doch er geht vorbei und ist nicht mehr als ein kurzes Verweilen am Rande der Ewigkeit. Wenn wir mit Fürsorge, Liebe und leichtem Herzen teilen, erzeugen wir Freude und Wohlstand für alle – dann ist dieser kurze Augenblick es wert gewesen.

*

Nichts ist so schlimm wie die Angst davor.

*

Jetzt zum Evangelium des Johannes und mehr.
Viele pfingstlerische Bewegungen scheinen von
diesem Evangelium besonders angetan zu sein.
Den meisten anderen allerdings erscheinen viele
Textstellen des Johannes unglaubwürdig, ja sogar
widersprüchlich – vor allem, wenn man sich
eingehend und gründlich mit den anderen drei
Evangelisten beschäftigt hat. Ich möchte dazu eines
sagen: Es ist egal, ob Jesus über das Wasser laufen
konnte oder wusste, wo die Steine liegen! Wie lebte
der Mensch Jesus damals und wie lebt er auch
heute noch unter uns??? Heute noch?

Die Evangelien sind Interpretationen,
Erinnerungen, Überlieferungen von Augenzeugen,
inspiriert vom Heiligen Geist und aufgeschrieben
von Menschen, die im Glauben lebten.

Wir müssen einerseits unterscheiden zwischen
dem historischen Jesus, dem Menschen liebenden
Wanderprediger und Wunderheiler, dem Jesus,
dem wir durch die Schriften nicht näherkommen
können (es wird nie eine Biografie des historischen
Jesus geben können), und andererseits dem
Jesus, wie wir ihn durch unseren von Sünde und
Verblendung getrübten Blick erkennen können.

Einem bis ins Übermaß glorifizierten Herrn
Jesus, dessen Geschichte schon so Hollywood-like
überzogen wirkt, dass die Szenen schon beim Lesen
unglaubwürdig erscheinen. Und dem Jesus, wie er
auch heute noch unter uns / in uns weilt … Der
Herr sagte: »Ich bin bei euch alle Tage bis an der
Welt Ende!« Man kann Jahrzehnte/Jahrhunderte
über die Bibeltexte diskutieren. Man kann

versuchen, sie in wahr, unwahr und übertrieben einzustufen und versuchen, den Sinn zu ergründen.

Wie Kohelet, der Prediger im Alten Testament, schon sagte: »Es ist alles nur Windhauch und Eitelkeit unter der Sonne … Und es gibt nichts Neues in der Welt … Alles, was war, ist und sein wird, wird wieder sein …«

Die Evangelien, ja die Bibel als ganzes Werk, beschreiben in allen Varianten das, was Gott uns durch den zeitlichen Abgrund von mehr als 1600 Jahren sagen will – und schon immer sagen wollte in jeder Epoche!

Eigentlich kann man sich die über 1300 Seiten der Bibel als (fast) leere Seiten vorstellen, auf denen auf jeder einzelnen immer nur der – bestimmt authentische – Jesus-Ausspruch aus Mt. 22,36–40 steht!! Dieser Ausspruch des Herrn fasst die gesamte Bibel, das ganze Gesetz des Lebens und Gottes Willen in wenigen Sätzen zusammen!

An anderer Stelle sagt der Herr: »Ich bin bei euch alle Tage – bis an der Welt Ende!« Sichtbar in jedem Menschen, der mit Herz, Geist und Verstand dieses Gesetz verstanden hat – und es in seinem Leben umsetzt! Der intuitiv begreift, was im Leben wichtig und unwichtig ist, der spürt, was zu tun ist – was Gottes Willen ist. Alles andere in der Heiligen Schrift ist Beiwerk, sind Eselsbrücken, um uns zu helfen, die Wahrheit zu erkennen. Die Wahrheit steht zwischen den Zeilen und ist nur mit dem Herzen beim Studium der Bibel zu erkennen! Wer nach folgender Bibelstelle lebt, braucht keine Gesetze mehr – keine »Zehn Gebote« mehr!!! Mt. 22,36–40.

Lehrer, welches ist das größte Gebot im Gesetz?
Er aber sprach zu ihm: »Du sollst den Herrn,
deinen Gott, lieben mit deinem ganzen Herzen und
mit deiner ganzen Seele und mit deinem ganzen
Verstand.« Dies ist das größte und erste Gebot.
Das zweite aber ist ihm gleich:
»Du sollst deinen Nächsten lieben wie dich selbst.«
An diesen zwei Geboten hängt das ganze Gesetz,
und die Propheten.
Jesus sagt/e auch: »Tut Buße, das Himmelreich
ist nahe!« Mt. 3,2. Ja, so ist es. Aber er konnte
schlecht sagen: »Tut Buße, denn ihr werdet alle
(bald) sterben!«
Das Himmelreich ist nahe! Ich kann sofort tot vom
Stuhl fallen oder einen tödlichen Unfall haben –
dann stehe ich noch heute vor meinem Schöpfer
und muss Rechenschaft über mein Leben abgeben.
Also lasst uns immer – in jeder Sekunde – nach
Mt. 22,36–40 leben! Denn irgendwann ist keine
Zeit mehr. Unabhängig von der Apokalypse!

*

An Gott zu glauben oder nicht ist die Entscheidung
jedes Einzelnen von uns – Gott ist immer da, reicht
uns die Hand und wartet.
Nicht an das Böse zu glauben ist jedoch der größte
Fehler, den man machen kann.
Reiche dem Teufel nicht einmal den kleinen Finger …

*

Ich wünsche dir, lieber Leser,
und deiner Familie alles erdenklich Gute.

Daniel Schehack

Ende